La Havane, mon amour

Dans la même collection

Mon île au trésor, Alain Blottière
La Corse, Dorothy Carrington
Je ne songe qu'à vivre, Honoré d'Estienne d'Orves
Promesse d'îles, Alain Hervé
La Zone, Markiyan Kamysh
Ce Mexicain qui venait du Japon et me parlait de l'Auvergne, Jean-Claude Lalumière
Nuits tranquilles à Belém, Gilles Lapouge
Paradis éphémères, Donald Richie
Un été au Kansai, Romain Slocombe
Georges Gasté, traquer le soleil dans l'ombre, Aude de Tocqueville
La Femme qui pleure, Zoé Valdés

Zoé Valdés

La Havane, mon amour

Traduit de l'espagnol (Cuba) par
Aymeric Rollet

ARTHAUD

87, quai Panhard-et-Levassor
75647 Paris Cedex 13

ISBN : 978-2-0813-8222-0

À ma grand-mère et à ma mère,
havanaises de cœur.

À ma fille,
havanaise de naissance.

« Quel droit plus sacré que de vivre sur le sol natal ? Ici, les promenades publiques ont un aspect de bon goût particulier au pays : point de veste, point de casquette, point de gens malpropres ou mal mis. Tous les hommes sont en habit et portent cravate, gilet et pantalon blancs ; toutes les femmes s'habillent de linon ou de mousseline. Les vêtements blancs, qui respirent la coquetterie et l'élégance, s'harmonisent merveilleusement avec la beauté du climat, et répandent dans les réunions un air de fête. »

María de las Mercedes Santa Cruz y Montalvo,
comtesse de Merlin [1]

---

1. María de las Mercedes y Montalvo, comtesse de Merlin, *La Havane*, Paris, Librairie d'Amyot, 1884, p. 293 et p. 331.

« En arrivant à la place d'Armes, on a vu la foule massée, la mairie ouverte et l'orphéon municipal sous la baguette de Gonzalo Roy, fêtant tous le jour de la Saint-Christophe, tant et si bien qu'il nous a fallu nous mêler à la multitude et nous glisser jusqu'à la grille du petit temple. Et mon amour est allé jusque-là, pas plus. [...] Moi aussi je vais tourner comme un idiot autour de la *ceiba*. »

Guillermo Cabrera Infante[1]

---

1. La citation est issue de la nouvelle « Darle vueltas a una ceiba », dans le recueil *Todo está hecho con espejos*. Pour la traduction française, voir Guillermo Cabrera Infante, « Faire le tour d'une *ceiba* », dans *Le Miroir qui parle*, traduction Albert Bensoussan, Paris, Gallimard, 2003, p. 146-148.

« Ville désormais sans poètes pour la mythifier ou la reconstruire. Ville enlisée dans sa désolation la plus stricte ; ville en train de pourrir, au sens propre comme au figuré… Ville qui expulse ou bien étrangle quiconque essaie de la dépeindre. Ville où l'artiste a été remplacé par le policier, la parole par la consigne, les rêves par les plans quinquennaux, l'homme par le masque. »

Reinaldo Arenas [1]

1. Citation issue de l'article de Reinaldo Arenas « Lo cubano en la literatura ».

I

La Havane : fondée le 16 novembre 1519 par l'explorateur espagnol Diego Velázquez de Cuéllar, l'actuelle capitale de Cuba fêtait en novembre 2014 ses quatre cent quatre-vingt-quinze ans. La Havane, qui doit son nom au cacique Habaguanex (l'un des chefs indigènes qui habitait la région), fut déplacée à deux reprises, en 1514 et 1519, avant d'être établie à son emplacement actuel. Ce port, d'où les produits américains partaient à l'exportation, fut pendant des siècles le plus important des Caraïbes. En raison de sa richesse, la ville a subi de nombreuses incursions de puissances ennemies et de corsaires. Prise par les Britanniques en 1672, après deux mois d'une farouche bataille, elle fut restituée à l'Espagne en 1763. Avec ses 2,1 millions d'habitants (2012), La Havane est la ville la plus peuplée des îles caribéennes…

Quant à moi, je viens d'avoir cinquante-cinq ans. Je suis née à La Havane, un 2 mai 1959 ; je suis havanaise, ce qui implique déjà *une certaine attitude face à la vie*. Depuis 1959, en revanche, année où ma mère m'a mise au monde, être né à Cuba implique aussi *une certaine aptitude à la mort*. Mais je suis havanaise, je marche et danse comme une Havanaise, je bouge et gesticule comme une Havanaise, j'ai la sensibilité d'une Havanaise née, par malchance, sous le joug révolutionnaire, et c'est en Havanaise que je dors et que je rêve. Autrement dit, je rêve très souvent de ma ville. C'est un rêve récurrent, il ne se manifeste pas toutes les nuits (heureusement), mais assez souvent tout de même : je marche dans le Marais, le quartier où je vis à Paris, je tourne, et me voici soudain dans une rue de La Havane, que je ne reconnais pas ; au moment où je lève les yeux pour lire le nom de cette rue, je me réveille. Je ne parviens jamais à savoir où je me trouve. Toujours le même rêve, toujours les mêmes rues, toujours le même coin de la rue Beautreillis (où je louais un appartement lorsque je suis arrivée à Paris), et cette rue de la mystérieuse Havane, dont mes rêves me taisent toujours le nom.

À La Havane j'étais très parisienne ; à Paris je suis très havanaise. Je ne peux pas m'en empêcher, et je l'assume dans le refuge de ma langue, le havanais, comme une forme de résistance. Le havanais est un langage doux, qui glisse sur le toboggan de la langue, jusqu'à la pointe, d'où s'élancent les mots humides, comme d'un trampoline.

Je suis née à la clinique Reina, dans la rue Reina, au temps où il restait encore des cliniques à Cuba. L'obstétricien qui s'est occupé de ma mère, Ganganelli, était d'origine italienne. C'était l'époque où l'on offrait aux femmes enceintes un bouquet de fleurs, rose si elles accouchaient d'une fille, et bleu si elles donnaient le jour à un garçon ; on leur offrait aussi une partie du trousseau de naissance, le tout payé par la clinique à laquelle ma mère était affiliée.

Nous nous sommes installés tout près de la clinique, rue Estrella, dans le centre de La Havane ; mon père avait loué un petit appartement dont l'entrée donnait sur un couloir, comme dans les vieux immeubles havanais. J'avais deux mois quand mes parents se sont séparés, et nous avons déménagé, ma mère, ma grand-mère maternelle et moi, au numéro 160 de la rue Muralla entre les rues de Cuba et de San Ignacio, au cœur de la Vieille Havane, la partie de la ville dont je me sens originaire.

C'est dans la Vieille Havane que j'ai grandi, rue Muralla, dans cette rue au parfum d'anis, imprégnée d'une étrange odeur d'Anís del Mono[1] qui s'exhalait de toute part et montait (je ne sais pas si l'on peut toujours le respirer, ce parfum) depuis l'avenue Aduana del Puerto jusqu'à la rue Egido, où se trouvait le cinéma Universal, et où se trouve toujours l'association espagnole Rosalía de Castro. Existe-t-il encore, ce cinéma ? Je ne le sais pas non plus ; tant de cinémas ont peu à peu disparu de l'île.

J'ai grandi dans cette Vieille Havane à demi détruite, entourée de décombres et de pierres qui parlaient – les pierres, en tout cas, parlaient avec moi –, aussi bien les petits cailloux tout fins que la rocaille brute ou les grosses pierres lourdingues, avec leurs infinis tons de voix : aigus, criards, grinçants, rauques, effrayants, puissants, fragiles… C'étaient là des conversations imaginaires, somme toute assez naturelles chez moi. Je me suis toujours entretenue aussi bien à voix haute avec les humains qu'en silence avec les morts et les objets, et inversement, à voix basse avec les vivants, et à haute voix avec les pierres.

1. Célèbre marque espagnole d'anisette. [N.d.T.]

Mes souvenirs d'enfance sont ceux de n'importe quelle petite fille qui a passé plus de temps dans la rue que chez elle, sans que sa famille ou elle-même n'y soient pour rien. Nous avons quitté l'espace déjà réduit de la rue Estrella pour celui plus réduit encore de la rue Muralla ; seulement, rue Muralla, nous étions plus nombreux, puisque ma grand-mère vivait avec ma mère et moi, de même que – temporairement – ma tante, son jeune fils (mon cousin) et une amie de ma mère, qui s'appelait Cuca, et que j'ai aimée comme ma propre tante ; tout ce petit monde dans deux pièces assez exiguës.

J'avais beau être une petite fille mince et discrète, je me rendais compte que j'occupais un certain espace ; on me donnait invariablement le sentiment que j'étais, pour ainsi dire, de trop, ou peut-être était-ce moi qui m'obligeais à le croire. C'est pourquoi je filais dans la rue dès que j'en avais l'occasion ; je suis devenue une *callejera*, comme on appelle les traîne-la-rue à Cuba, puis une espèce de petit voyou du parc Habana, garçon manqué, rejeté et arrogant. Je n'avais peur de rien ni de personne, et jamais je ne me sentais aussi bien que lorsque je fonçais dans ma carriole en bois, sur mes patins à roulettes soviétiques, et plus tard sur mon vélo chinois bleu et blanc, dans les rues de La Havane. Je descendais la rue Cuba, jusqu'à la rue Merced, et je prenais la rue Inquisidor en direction de la rue Obispo, ou du Malecón[1], au niveau de la petite embarcation qui conduit au village de Casablanca, de l'autre côté du port. Jamais je ne me sentais aussi heureuse que lorsque je jouais aux billes avec les garçons dans la rue Conde, où nous allions rendre visite à des amies de ma tante.

Un jour, dans cette rue Conde, alors que je faisais du patin à roulettes, j'ai trouvé une alliance en or ; ma grand-mère l'a conservée et me l'a offerte lorsque je suis devenue majeure. Avec ses constructions basses, dont les portes étaient pourvues de perrons à deux marches en moellons ou en béton poli, la rue Conde était comme la plupart des rues de la Vieille Havane. C'est une courte rue, galonnée de petites maisons, comme une couture bien faite, ou plutôt, une courte broderie dans le long voile de nacre que forment les matins et les débuts d'après-midi ; et l'on ne peut soupçonner, sous cette lumière écrasante, l'existence d'une autre ville, souterraine, immatérielle, impalpable.

---

1. Front de mer. [N.d.T.]

Ma maison se résumait donc à ces deux pièces exiguës dans la résidence qui s'appelait Le Réverbère, une grosse demeure coloniale traversée de couloirs centraux et située au beau milieu d'une rue qui sentait l'anis, toute pleine de gens venus de partout, la plupart d'origine asturienne, galicienne, des Chinois, des Noirs, des Polonais (juifs catalans), c'est-à-dire des Cubains.

Les rues de La Havane étaient à mes yeux la cour de ma maison, ou son entrée. Là, je jouais sans peur de la circulation, mais en me méfiant des racontars et des délations du CDR (Comité de défense de la révolution) qui n'épargnaient ni les adolescents ni même les enfants. La Havane, ses rues, et cette immense entrée qui donne sur la mer, est toujours ma maison, avec mes cours et arrière-cours. La Havane est mon chez-moi imaginaire, lointain et proche à la fois grâce à la littérature, à la musique, à la peinture.

La Havane que j'ai connue n'est pas seulement la belle cité des colonnes d'Alejo Carpentier[1], ni La Havane de Fronesis, Foción et José Cemí,

1. Célèbre écrivain cubain, Alejo Carpentier (1904-1980) a publié *La Ciudad de las columnas* (*La Cité des colonnes*) en 1964. [N.d.T.]

personnages de José Lezama Lima[1], avec son étincelant Paseo del Prado, ce n'est pas non plus – pas seulement – la ville aimée et perdue, écrite et réécrite dans l'œuvre extraordinaire de Guillermo Cabrera Infante[2], et ce n'est pas La Havane aux vieilles demeures seigneuriales, celles du quartier El Vedado, qu'évoque la poésie de Dulce María Loynaz[3] ; ma Havane est un mélange à demi écroulé de tout cela. C'est cette Havane-là que le destin m'a réservée, en me faisant naître si tard. Une Havane meurtrie, abîmée comme l'écorchure à la cheville d'une adolescente frappée par son beau-père.

Cette Havane, j'ai pu la sauver grâce à mes virées nocturnes et à mes lectures noctambules des grands écrivains qui, tel Eugène Sue dans *Les Mystères de Paris*, ont voulu recréer les mystères de La Havane à leur manière, comme je l'ai fait par la suite dans mon livre de récits intitulé, justement, *Los Misterios de La Habana*[4].

1. Référence aux personnages de *Paradiso* (1966), de l'écrivain cubain José Lezama Lima (1910-1976). [N.d.T.]

2. Écrivain cubain (1929-2005). [N.d.T.]

3. Écrivaine cubaine (1902-1997). [N.d.T.]

4. Zoé Valdés, *Los Misterios de La Habana*, Planeta, Barcelone, 2004. Pour la version française : *Les Mystères*

J'y ai mis en exergue deux citations, l'une issue des *Estampas de San Cristóbal* de Jorge Mañach : « Ah, la rue Muralla ! observe Luján, vigoureuse, taillée dans le nerf et le muscle, au flanc de San Cristóbal[1] ! » ; l'autre, de Sue lui-même, dans *Les Mystères de Paris* : « *Et puis encore nous croyons à la puissance des contrastes**[2]. » Et c'est ce pouvoir des contrastes qui fait de La Havane une ville unique.

La Havane que vous découvrirez au fil de ces pages est celle que j'ai connue, celle de mes aventures, mais aussi celle de mes lectures, de mes écrivains de prédilection et de mes fantômes – des fantômes que j'ai choisis, ou de ceux qui m'ont choisie. C'est La Havane de ma mère, et en l'absence de ma mère, La Havane est devenue ma mère, une mère lointaine et à jamais regrettée. C'est La Havane bagarreuse et *bambollera* (tapageuse) de mon père. La Havane

---

de La Havane, traduction Julie Amiot et Carmen Val Julián, Calmann-Lévy, Paris, 2002. [N.d.T.]

1. San Cristóbal de La Habana, nom historique de La Havane; pour la traduction, voir *Les Mystères de La Havane*, p. 9. [N.d.T.]

2. Tous les termes en italique suivis d'un astérisque sont en français dans le texte. [N.d.E.]

particulièrement fervente et joyeuse de ma grand-mère. La Havane de ma génération, née – année fatidique – en 1959. La Havane de la pénurie et du désarroi, la ville de la fête et celle des sévices. La ville des évasions, des rencontres et des retrouvailles provoquées. La ville bordée par la mer, tour à tour d'or ou d'argent, verte ou d'un bleu d'azur, selon la lumière, toujours intense, quelle que soit l'heure, de jour comme de nuit. La ville des infortunes, des persécutions, des crimes passés sous silence, des vols quotidiens que l'on commet pour survivre. La ville des grands amours et des orageuses déceptions, des passions, de la douleur, du souvenir, de l'oubli. La ville de la mort après tant d'années de frivolité et de joie de vivre. La ville musicale plongée dans la cadence d'un boléro, secouée sur des rythmes de salsa comme une canette de Tropical[1] où les bagarres, avec leur lot de blessures, se mêleraient à la bière tiède.

C'est La Havane des légendes et des anecdotes racontées par les habitants de San Cristóbal. J'ai recréé les mystères de cette ville, ceux qui m'ont séduite, en les mêlant à des êtres et des situations

1. Célèbre marque de bière espagnole. [N.d.T.]

de fiction, « nés de l'imaginaire populaire ou de ma propre invention[1] ».

Je cite à nouveau *Los Misterios de La Habana* ; j'avais écrit dans l'avant-propos : « Les mystères d'une ville sont une grande partie de sa mémoire, ils permettent d'en analyser l'histoire et la culture d'un point de vue poétique. L'essence du citadin est ancrée dans la tradition légendaire d'un lieu, et Jorge Mañach, l'un des historiens les plus importants de La Havane, écrit à ce propos : "Aussi la tradition n'est-elle, pour moi comme pour tous, qu'une nostalgie, une attitude esthétique envers le passé…"[2] »

Je songe à tous les auteurs qui ont écrit sur la ville et sur ses personnages, et je leur sais gré de la force qu'ils m'ont insufflée pour revenir sur un sujet qui me réjouit autant qu'il m'attriste. Je me reporte également à *Los Misterios de La Habana*, un livre de Tristán de Jesús Medina[3], que j'ai découvert après avoir écrit mes propres mystères havanais.

---

1. Pour la traduction, voir *Les Mystères de La Havane*, p. 11. [N.d.T.]

2. Pour la traduction, voir *Les Mystères de La Havane*, p. 12. [N.d.T.]

3. Livre premier, *Purísima*, Imprimerie La Cubana, La Havane, 1845.

Je remercie une fois de plus ceux qui aiment La Havane, qui la comprennent du plus profond de leur être, qui la caressent sans la brutaliser, sans l'humilier ; car c'est aussi grâce à eux que La Havane reste debout, capable de survivre à n'importe quelle époque, à n'importe quel désordre. Je remercie les Havanais de naissance, qui se reconnaîtront au coin de chacune de ces pages. Alors qu'ils déambuleront de chapitre en chapitre, je les tiendrai par la main, avec leurs fantômes, qui sont aussi les miens.

Et je remercie tout particulièrement Miriam Gómez[1] et Guillermo Cabrera Infante, Havanais d'adoption. Nous sommes nombreux à avoir nourri les mystères havanais de nos propres vies, mais nul ne l'a fait aussi bien qu'eux : par leur existence même, ils ont nourri la légende de la « cité perdue », et ils ont continué de la faire vivre, depuis l'exil. Guillermo l'a réécrite, dans une impérissable évocation, car la véritable Havane n'existe que dans la littérature. L'œuvre de Cabrera Infante est parvenue à sauver la ville, malgré l'infâme destruction menée à bien par les frères Castro. Quant à Miriam Gómez, comme certains d'entre nous en exil, elle tente de faire

1. Veuve de Cabrera Infante. [N.d.T.]

régner chez elle, à Londres, cette âme si singulière que l'on perçoit dans les maisons de La Havane, où flottent les douces odeurs des pleins midis sans fin.

À l'occasion de ses quatre cent quatre-vingt-quinze ans, je déclare une fois de plus à cette Havane mon amour joyeux et éternel.

II

Chapiteaux où des oiseaux endormis ont niché autrefois. Miroirs où, autrefois, des femmes se sont regardées, en passant furtivement, dans un déhanchement enjôleur. Jardins où ont poussé, autrefois, d'éclatantes fougères. Toitures où bondissaient les chats, jadis, en poussant leurs miaulements en direction de la baie, en direction des autres voix, en direction des amoureux. Chambres où les amants ont autrefois étreint leurs corps brûlants. Voilà ce que sont les villes : une seule et même ville dont l'existence passée demeure dans la mémoire de chacun d'entre nous.

Et si les villes devenaient soudain une seule et même métropole bâtie avec nos souvenirs ? Et si les ruines de La Havane s'entremêlaient à celles d'Athènes ? Et si les ponts de Paris débouchaient sur les carrefours de Buenos Aires ? Et si les fontaines de Rome prenaient leur source au lac de

Belgrade ? Et si les temples de Beyrouth avaient des portes qui s'ouvraient sur Jérusalem ? Et si la Tamise de Londres irriguait le Manzanares de Madrid ? Et si les putes de Barcelone allaient battre le pavé au Caire ? Et si tout n'était qu'un seul et unique baiser, dans le silence des rues vénitiennes ?

Je suis sur le petit balcon du musée, dans le palais des Capitaines Généraux[1]. En bas, dans le parc, l'orchestre symphonique va jouer. Une vingtaine de vieillards s'assoupissent. Dans leurs jeans moulants, les garçons curieux s'approchent, tout comme les jeunes filles, dans leurs chemisiers colorés.

L'orchestre symphonique me rend toujours triste. J'ai tellement peur que les partitions s'envolent, avec ce vent ! L'orchestre symphonique est en train de se préparer, les trompettistes chauffent leur instrument. Le parc s'est rempli d'étudiants et de touristes.

L'orchestre a commencé, et voici qu'à l'angle de la rue Tacón, un fou se met à danser ; il suit le rythme : tango, habanera ou cha-cha-cha.

---

1. Le palais des Capitaines Généraux abrite aujourd'hui le musée de la Révolution. [N.d.T.]

Les vieillards se réveillent en sursaut. Les jeunes ne perdent pas une miette de ce spectacle.

Puis l'orchestre termine et s'apprête à partir. Les vieillards se rendorment ; ils attendent désormais une autre mélodie, que l'aube leur apportera.

Les jeunes vont être bien seuls dans la nuit, sans l'orchestre.

Dans quelle ville était-ce, déjà ? Dans toutes les villes, c'est-à-dire en fin de compte, dans une seule : La Havane.

III

Si je devais recommander la lecture d'une étude essentielle sur Cuba et La Havane, je conseillerais *Cuba española*[1] de Guillermo Céspedes del Castillo, un essai très complet, auquel j'ajouterais le travail de Juan Daniel Fullaondo intitulé *Vieja Habana*[2][3]. Quelques notes :

Contrairement à ces auteurs, je ne suis pas une historienne de La Havane. Je ne m'engagerai donc pas dans une entreprise de documentation sur l'histoire de la ville ; ils ont déjà effectué ce travail de grande ampleur, et c'est à eux qu'il faudra irrémédiablement se référer. Comme je ne suis pas

1. *Cuba espagnole*. [N.d.T.]
2. *Vieille Havane*. [N.d.T.]
3. Ces deux textes ont été publiés dans *Cien planos de La Habana en los archivos españoles*, MOPU, Secretaría General Técnica, Servicio de Publicaciones, Madrid, 1985.

non plus guide touristique, je vous renvoie à la lecture, en anglais, du meilleur guide qui soit sur cette Havane aujourd'hui disparue : *All the Best in Cuba*, de Sidney Clark[1] ; vous y trouverez bien des choses (et, en particulier, des cartes) sur cette Havane de la République, que je n'ai pas connue, mais dont certains échos délicieux sont parvenus jusqu'à moi.

Il faudrait d'innombrables chapitres pour évoquer tout ce qui a été écrit sur La Havane... Mais je veux tout de même citer l'*Enciclopedia de Cuba*[2], ainsi que *La Habana, arquitectura del siglo XX*[3], d'Eduardo Luis Rodríguez, avec des photographies de Pepe Navarro[4], et *La Habana, historia y arquitectura de una ciudad romántica*[5], de María Luisa Lobo Montalvo[6].

---

1. Il existe plusieurs versions de ce guide ; celle que j'ai est de 1956 et a été rééditée par Dodd, Mead & Company.

2. *Encyclopédie de Cuba*. [N.d.T.] Ouvrage collectif édité par Vicente Báez, publié par Playor à Madrid et comptant plusieurs éditions dont la première est de 1974.

3. *La Havane, architecture du XXe siècle*. [N.d.T.]

4. Blume, Barcelone, 1998.

5. *La Havane, histoire et architecture d'une ville romantique*. [N.d.T.]

6. Monacelli Press, New York, 2000.

Voici les deux livres qui m'ont le plus touchée, ceux que j'ai relus à de multiples occasions : *San Cristóbal de La Habana*, de Joseph Hergesheimer, édité en 1920, et *Viaje a La Habana*[1], de María de las Mercedes Santa Cruz y Montalvo, comtesse de Merlin (1789-1852), écrit en français[2] sous forme épistolaire, édité à Paris en 1844, en trois tomes ; cet ouvrage a pour but de « présenter au lecteur européen la situation d'une colonie espagnole ».

Je dois aussi mentionner l'ouvrage *Memorias de una cubanita que nació con el siglo*[3] de Renée Méndez Capote ; j'en possédais un exemplaire, que j'ai dû laisser à Cuba lorsque je suis partie en exil. J'ajouterai l'œuvre de Lydia Cabrera, toute son œuvre, car à travers ses personnages, et dans les paysages qu'elle décrit, c'est toute une ville occulte qui parle et respire, en particulier dans *El Monte*[4]. José Lezama Lima, un Havanais de naissance,

---

1. *Voyage à La Havane*. [N.d.T.]

2. Publié la même année à Madrid, en espagnol ; je possède quant à moi l'édition de la collection Testimonio, Editorial de Arte y Literatura, La Havane, 1974.

3. *Souvenirs d'une petite Cubaine née avec le siècle*. [N.d.T.]

4. Lydia Cabrera (1899-1991), écrivaine et chercheuse cubaine, est connue pour ses travaux d'ethnologie ; dans *El Monte* (1954), elle étudie les origines de la *santería*, un

Guillermo Cabrera Infante et Reinaldo Arenas[1] deux illustres Havanais d'adoption, ont dépeint trois Havane bien distinctes.

Ma Havane, comme celle de ces quatre derniers auteurs, et comme celle de la comtesse de Merlin – bien que je n'appartienne évidemment pas au genre de noblesse (de titre) dont elle faisait partie –, c'est La Havane où je suis née et où j'ai grandi, ce sont les rues que j'ai arpentées et les personnages que j'ai fréquentés, c'est le temps passé avec eux, et ce sont aussi mes solitudes.

Je me revois toute petite, tenant la main de ma grand-mère lors de courtes promenades sur l'Alameda de Paula (construite en 1777) quand, par les nuits insupportables de grande chaleur, nous sortions prendre l'air, après avoir passé des heures enfermées à la maison. Les promenades sur l'Alameda de Paula comptaient parmi les sorties préférées de ma grand-mère, et j'ai eu tôt fait de la rejoindre sur ce point. Depuis la rue Muralla, nous devions marcher un peu pour nous rendre sur l'Alameda, située tout près du

---

système de croyances né du syncrétisme de la culture traditionnelle yoruba et du catholicisme. [N.d.T.]

1. Romancier, dramaturge et poète cubain (1943-1990). [N.d.T.]

port, mais le trajet valait son pesant d'or, car nous croisions des personnages tous plus saugrenus les uns que les autres. Il y avait parmi eux la célèbre Osiris, une fort belle rousse, dotée d'une poitrine généreuse et d'un formidable popotin (que l'on appelle *fambeco*, en havanais). Enjôleuse, elle arpentait la rue Inquisidor, perchée sur de hauts talons aiguilles, à pointe fine, recouverts d'un vernis rouge brillant. On racontait qu'Osiris s'était suicidée par amour : elle avait enduit tout son corps du contenu d'une bouteille d'alcool, puis elle avait craqué une allumette. À une certaine époque, une sorte de fièvre pyrotechnique s'était emparée de La Havane, conduisant presque tout le monde à se faire flamber, par jalousie ou par amour – ou bien à faire flamber l'objet de sa jalousie et de son amour, l'autre, l'être aimé… et tué.

Bien entendu, je connaissais Osiris depuis toute petite. J'ai grandi avec l'image altière de cette femme qui se promenait depuis la rue Inquisidor jusqu'au bar Two Brothers, où mes parents s'étaient connus et avaient dansé, bercés par Benny Moré et sa chanson *Camarera de amor*[1] ; ma mère, au fait, était serveuse. Certains affirmaient qu'Osiris était une gourgandine, une

1. *Serveuse d'amour*. [N.d.T.]

femme de mauvaise vie (pour moi, cela ne voulait pas encore dire qu'elle vivait de son corps, c'est-à-dire qu'elle était ou qu'elle avait été une pute). D'autres prétendaient qu'elle fréquentait les marins grecs, qui lui offraient vêtements et chaussures en échange d'ardentes nuits d'amour, et voilà pourquoi elle était toujours plus élégante que les autres femmes du quartier.

La rue Inquisidor commençait pour moi à l'hôtel Cueto, où vivait Osiris ; c'est là qu'elle s'était fait brûler, qu'elle était morte carbonisée. C'est une rue étroite, avec des maisons basses, dans le style colonial, presque toutes à moitié ou complètement démolies, car la chance n'a pas voulu qu'elles fassent partie du périmètre touristique qui a bénéficié (sur décision de l'historien de La Havane[1], Eusebio Leal) des travaux de réhabilitation destinés à redorer l'image d'une ville dévastée par le communisme haineux. C'est une rue pareille à n'importe quelle rue de la Vieille Havane, mais elle s'appelle Inquisidor[2] ; une rue

1. Le titre d'*historiador de la ciudad*, « historien de la ville », est un titre officiel à Cuba ; l'Oficina del Historiador de la Ciudad (Bureau de l'historien de la ville) a la responsabilité de la restauration du centre historique. [N.d.T.]

2. Inquisiteur, en français. [N.d.T.]

qui porte un tel nom ne peut pas être tout à fait comme les autres.

J'avais autour de sept ans – âge auquel j'ai perdu mes dents de lait – lorsque Osiris s'est immolée par le feu, et j'ai alors appris ce que cela voulait dire que d'être une pute amoureuse de son souteneur. Souteneur qui ne se souciait d'elle que pour lui soutirer l'argent gagné avec les marins grecs, car tout le monde, par ailleurs, le savait impuissant. Face au merveilleux corps nu d'Osiris, il était incapable de la moindre réaction, à part peut-être de péter un coup, en digérant les délicieux haricots rouges que cette pute de quartier savait si bien cuisiner. J'avais aussi autour de sept ans quand ma grand-mère m'a expliqué ce qu'était un inquisiteur : un monsieur qui brûlait des sorcières. Il m'est alors venu à l'idée qu'Osiris ne s'était pas fait brûler toute seule, non : alors qu'elle dormait, dans ses dessous de soie, l'esprit d'un inquisiteur lui était apparu dans la nuit et l'avait convaincue de se jeter dans les flammes pour expier ses fautes… J'allais au catéchisme à l'église de La Merced, éducation catholique *oblige**.

J'ai perdu la plupart de mes dents de lait à l'âge habituel, mais elles ne sont pas tombées toutes seules ; elles se sont déboîtées, ou plus exactement, c'est moi qui me les suis déboîtées : pendant que j'apprenais à faire du patin à roulettes et du vélo, je me suis souvent cogné la tête contre les bancs en pierre de la fameuse Alameda.

Avec mon visage édenté où se lisait la peur, je n'étais pas vraiment ce qu'on aurait pu appeler une petite fille avenante ; quand je me promenais, rue Inquisidor, hantée par l'image d'Osiris au beau milieu des flammes, je n'aurais lâché la main de ma grand-mère pour rien au monde... Elle avait beau vouloir que je dise bonjour aux enfants de mon âge, ou que je m'intéresse aux toboggans et aux balançoires du parc Habana, elle avait beau me montrer l'endroit où avait vécu Alexander von Humboldt, rue Muralla, à quelques pâtés de maisons de chez nous, rien n'y faisait : j'affichais toujours cette grimace d'effroi qui faisait fuir les autres. Ce que je voyais, moi, à l'angle des rues Muralla et Inquisidor, et même dans toute la rue Inquisidor, c'étaient les flammes qui avaient emporté Osiris : des gens en train de cramer passaient à côté de nous ; je voyais des langues de feu sortir des maisons ; je voyais des balcons calcinés... Et puis, il y avait Farolito, tout taché de noir, occupé à éteindre les réverbères : ses grands yeux bleus écarquillés augmentaient encore mon effroi.

Lorsque je discernais la baie au loin, lorsque, enfin, j'apercevais la blanche esplanade de l'Alameda de Paula, avec ses réverbères et ses colonnes, alors peu à peu mon visage se détendait. La brise marine pénétrait, tel un baume, dans mes poumons ; mes joues reprenaient des couleurs, et je n'aspirais plus qu'à une seule chose : aller jouer au parc, comme n'importe quelle autre petite fille. Après avoir sorti mes patins à roulettes de leur sac, ou après avoir décroché mon vélo de son épaule, ma grand-mère me laissait vaquer à toutes mes folies.

Nul n'a été plus libre que moi à cette époque. La ville était encore petite à mes yeux. Il n'y avait pas loin de chez moi à l'Alameda, mais l'endroit était peuplé d'êtres étranges, et à cette époque, déjà, les fantômes commençaient de pulluler.

IV

Qui était Farolito ? Un petit gros, chauve, au regard bleu et intense ; sa bouche, avec ses dents menues, affichait toujours un petit sourire moqueur ; il avait des mains grassouillettes, et de tout petits pieds boudinés. Farolito était allumeur de réverbères [1]. On disait qu'il avait hérité ce métier de ses ancêtres : son grand-père, son arrière-grand-père et son arrière-arrière-grand-père avaient allumé les réverbères à huile, et à présent, il éclairait les lanternes électriques, à l'aide d'une longue perche, qui lui servait aussi à faire descendre les chats, lorsqu'ils allaient se jucher au sommet des poteaux.

Contrairement à d'autres enfants, je n'avais pas peur de Farolito. Je l'avais vu pleurer, parce qu'il avait perdu sa chienne à la douane. Il pensait

1. *Farolito* : petit réverbère. [N.d.T.]

qu'un marin grec la lui avait volée pour l'emporter sur son bateau, mais nous étions tous convaincus qu'en réalité, la chienne s'était amourachée d'un clébard, venu avec un Grec à bord d'un navire marchand, et qu'elle avait mis les bouts pour Athènes, clandestinement. Un homme pleurant comme il pleurait pour sa chienne ne pouvait pas être mauvais.

Farolito habitait rue Santa Clara, en face du couvent Santa Clara. *L'idée de ce couvent avait germé en 1607, et on l'avait construit entre 1638 et 1644...*

Pendant que Farolito cherchait sa chienne, on le voyait tourner en rond autour des deux pâtés de maisons qu'occupait le couvent. Il flairait le moindre recoin où la bête avait uriné pour voir si, par hasard, elle ne serait pas revenue marquer son territoire aux mêmes endroits. On raconte qu'il se faufilait parfois dans le cloître, quand personne ne le voyait, pour sangloter contre l'une des épaisses colonnes. Peut-être étaient-ce des larmes de nostalgie versées pour Paquita Terremoto[1], sa chienne, ou peut-être pleurait-il, mélancolique, un vieil amour déçu.

1. *Terremoto* : tremblement de terre. [N.d.T.]

Ma mère était de celles qui pensaient que Farolito ne devait pas être tout blanc ; elle répétait la légende selon laquelle ce petit bonhomme avait assassiné sa bien-aimée, une des anciennes bonnes sœurs du couvent (à l'époque où il y avait encore des bonnes sœurs), parce qu'elle refusait de flirter avec qui que ce soit, en dehors de Dieu. Les gamins du parc Habana voyaient en Farolito le type même du malfaiteur ; ils l'admiraient pour cela et l'appelaient Farolito « le Mauvais ».

Farolito était l'un des meilleurs connaisseurs de La Havane, tout comme Paquita Terremoto, car, avant que la bête ne décide de migrer pour Athènes (ou avant que l'on en décidât ainsi pour elle), il n'y avait pas un jardin, pas un passage, pas une chaussée, pas une façade, pas une muraille – les murailles faisaient déjà toutes partie de l'histoire ancienne –, pas un bastion ni une fortification, pas un magasin, pas une église ni un couvent, pas un arsenal ni un port, pas une construction (civile ou militaire), pas une administration ni un bureau de poste, pas une manufacture de tabac, une entreprise ou un bureau, pas une école ni un hôpital, pas un théâtre, pas un chemin de fer que Farolito n'ait parcouru de fond en comble, en compagnie de sa chienne, et muni de sa perche magique qui lui servait à faire fonctionner le réseau d'éclairage public.

Un jour que ma mère devait se rendre au travail, et ma grand-mère au théâtre, elles m'avaient toutes deux confiée à Farolito. Après m'avoir accompagnée au parc, il m'a emmenée voir une première imprimerie, située à l'angle des rues Muralla et Cuba, puis une seconde, rue Teniente Rey. Il avait un ami là-bas, Joaquín Iturbe, encreur de son métier : c'est lui qui mettait l'encre sur les petits caractères d'imprimerie en plomb. À leurs côtés, j'ai eu la chance de parcourir ce lieu, rempli d'énormes rouleaux de papier, où des machines fascinantes reproduisaient sur des feuilles les lettres de plomb couvertes d'encre. Je suis ressortie de là avec plusieurs cadeaux, de gros cahiers pour l'école – un luxe à cette époque – qui venaient d'être fabriqués, et un sachet de caractères d'imprimerie usés, auxquels j'allais donner une seconde vie : ils seraient mes jouets, et des objets de collection.

Farolito parlait très peu. D'un doigt, il montrait les choses, en balbutiant de courtes phrases. C'est ainsi qu'il attirait mon attention sur les bouteroues des hôtels particuliers de la Vieille Havane ou, plus en hauteur, sur les vitraux et les voûtes ; il savait pourtant bien que je connaissais par cœur les couleurs et les personnages des vieux vitraux, puisque j'allais à la maternelle dans l'une des salles de l'ancien palais des comtes de Jaruco, qui avait d'abord été transformé en école primaire ; il était situé sur la place, la Plaza Vieja, où se trouvait le parc Habana, le parc de mon enfance.

Je me souviens maintenant de ces propos qu'il m'a tenus à plusieurs reprises :

— J'ai vécu dans une cabane, en bois et en feuilles de palmier, du temps où j'habitais Habana Campo. Je sais ce que c'est d'en baver, d'aller chercher l'eau au puits, de ne pas avoir l'électricité. Alors aujourd'hui, je suis bien content de vivre dans une maison en dur, avec électricité et eau courante. [Entre ses dents] Il ne faudrait pas grand-chose pour que La Havane tout entière soit privée d'eau et d'électricité. Merci, Fidel.

Cet après-midi-là, ne sachant pas très bien quoi faire de moi, Farolito avait décidé de m'emmener jusqu'à la rue Egido pour voir quel film on projetait au cinéma Universal, pensant qu'il y aurait un film pour enfants. Mais comme ce n'était pas le cas, il n'a pas voulu que nous entrions dans la salle, et il en a profité pour me montrer la rue Egido, qui m'a semblé immense et très large ; à ce moment-là, je n'avais encore jamais franchi la limite qui séparait la Vieille Havane de La Havane centre.

En nous dirigeant vers la rue Teniente Rey, que nous avons prise pour rentrer, j'ai découvert qu'une seule et même rue, qui s'appelait d'abord Egido, pouvait changer de nom et s'appeler ensuite Monserrate. Nous nous sommes arrêtés dans un bar où nous avons mangé des croquettes Soyouz 15 (on leur donnait ce nom parce qu'elles collaient au palais) fourrées de microscopiques morceaux de jambon ; tout le reste n'était que farine, et il fallait deux bons verres d'eau (qui sortait chaude du robinet) pour les faire glisser dans le gosier. Auparavant, nous étions passés à la pharmacie Sarrá, où s'amoncelaient de vieux boutons de porcelaine, à l'angle de la rue Compostela. Farolito était entré pour acheter de l'aspirine, mais on lui avait répondu que l'aspirine s'était envolée ; cela voulait dire qu'il n'y en avait plus en stock, mais moi, je me suis imaginé les cachets en train de voleter d'un nuage à l'autre.

Au retour, comme la rue Teniente Rey débouchait aussi sur le parc Habana, nous nous sommes assis un instant sur un banc pour attendre ma mère ou ma grand-mère, celle qui arriverait la première. Farolito a essayé de me raconter une histoire, mais il a fini par avouer qu'il n'en connaissait aucune.

C'est alors que j'ai lancé, sans trop y réfléchir, en regardant droit devant moi :

— Tu n'as qu'à me raconter comment tu as tué ta fiancée, la bonne sœur du couvent de Sainte-Clara.

Farolito est parti d'un grand éclat de rire :

— Tu crois vraiment que ta mère t'aurait confiée à moi si j'avais assassiné une bonne sœur ?

— C'est ce qu'elle raconte, et elle n'est pas la seule, ai-je répondu sans me décontenancer.

— Ouais, elle ne doit pas y croire tant que ça. Elle aurait été beaucoup plus inquiète de te laisser entre mes griffes pendant qu'elle allait au travail... – et, pour rire, il a mimé, de ses mains grassouillettes, un geste effrayant.

— Alors, tu l'as tuée ou pas ?

— Il n'y a pas plus de crime que de fiancée. Nous nous sommes seulement aimés de loin et en silence. Elle est partie pour l'Espagne quelque temps après.

— Alors pourquoi tu pleures ? Pour elle ou pour ta chienne ?

— Pour les deux, oui, pour les deux. Paquita Terremoto, c'était la seule compagnie qui me restait – ses yeux se sont embués, et j'ai dû sécher moi aussi quelques larmes.

Au loin, j'ai vu ma mère qui approchait, se balançant de droite et de gauche, sur une cadence très havanaise, comme si l'on avait soudain introduit dans une mélodie de Chopin un cha-cha-cha de l'orchestre Aragón[1], le vrai. Ma mère, sur ses talons aiguilles.

— Voilà ta mère, allez, je te laisse avec elle. Il va bientôt falloir que j'aille allumer la ville. La lumière, je veux dire, que j'allume la lumière…

J'ai dit au revoir à Farolito, et j'ai couru dans les bras de ma mère ; elle lui a adressé un signe de remerciement en criant :

— J'ai ta bouteille de rhum, passe la prendre quand tu veux à la maison !

1. Célèbre orchestre cubain de type fanfare. [N.d.T.]

V

La Havane a la forme d'un carré. On dirait un gigantesque terrain de base-ball, mais aux contours irréguliers, ou bien un ring de boxe. Située dans la moitié occidentale de Cuba, elle est délimitée au nord par le golfe du Mexique et le détroit de Floride, au sud par la mer des Antilles, à l'ouest par la province de Pinar del Río (productrice de tabac), et à l'est par celle de Matanzas. La ville est partagée par une ligne virtuelle, qui commence aux alentours d'Arroyo Bermejo et se prolonge dans la vallée de la Güira, jusqu'au golf de la Broa. Toute une ville remplie d'anecdotes et d'histoires… La province de La Havane a sans doute été la plus riche et la plus industrialisée de Cuba. En ce qui concerne l'industrie sucrière, on dénombre mille deux cent vingt-huit usines manufacturières ; elles représentaient 49,1 % du total de l'île en… Mais on trouvera toutes ces informations, et bien d'autres, dans l'*Enciclopedia de Cuba*, déjà citée, et dans l'œuvre de Leví Marrero, économiste et essayiste cubain.

À l'époque où j'ai rencontré le Caballero de Paris[1], j'ignorais toutes ces choses : je n'avais encore rien lu sur La Havane, pas même *Cecilia Valdés*, le roman fondateur de Cirilo Villaverde[2], même si j'avais déjà entendu parler du personnage. Je n'avais jamais mis un pied en dehors de la Vieille Havane, et je ne savais pas qu'il existait une autre partie de la ville, encore endormie, qui s'éveillerait un peu plus tard, en même temps que moi, au moment de ma puberté.

Le Caballero de Paris était poète. C'était l'homme le plus populaire de La Havane. Il avait toujours avec lui tout un tas de poèmes. Il avait la barbe et le cheveu gras, crasseux, et son corps tout entier était recouvert d'une longue cape noire râpée. Il ne venait pas de Paris ; il avait des origines espagnoles. Mais c'était sans importance : selon la légende – et les légendes sont toujours

1. Le Monsieur ou le Gentleman de Paris. [N.d.T.]

2. Cirilo Villaverde (1812-1894), écrivain cubain connu surtout pour son roman *Cecilia Valdés o la loma del Ángel*, dont le premier tome est paru en 1839. [N.d.T.]

plus intéressantes que la réalité –, il était originaire de Paris, et il avait quelque chose à voir avec les mousquetaires. J'ai cru dur comme fer à cette légende, sans jamais chercher à en savoir davantage.

Je prenais le goûter avec ma grand-mère au Ten Cent[1] (que personne n'a jamais appelé Woolworth), rue Obispo – c'était l'époque où l'on pouvait encore, pour le goûter, prendre un sandwich à l'omelette, boire un coca *frappé** avec des glaçons, manger des gâteaux et des crèmes renversées de toutes sortes –, quand soudain, le Caballero de Paris a fait son entrée. Il est allé s'asseoir dans un coin et, après avoir posé ses papiers sur le comptoir, il a commandé quelque chose à manger… Je ne le quittais pas des yeux :

— Ça ne se fait pas de fixer les gens du regard, m'a fait remarquer ma grand-mère, attends qu'il ait fini de manger – de notre côté, nous avions presque terminé – et nous irons lui dire bonjour.

Nous avons fait un petit tour dans la boutique, en attendant qu'il ait fini de manger et qu'il sorte. Nous sommes allées nous poster à l'angle des rues Obispo et Aguiar, en face de la Western Union (qui était alors fermée), puis nous l'avons

1. Nom d'un grand magasin à La Havane. [N.d.T.]

arrêté pour lui serrer la main. Il nous a fait une révérence, à l'ancienne, en agitant sa cape avec grâce.

Ma grand-mère voulait lui acheter un poème, mais il a refusé ; il nous l'a lu, dans un murmure, puis il l'a enroulé de ses doigts fins et, avec élégance, il l'a offert, emballé telle une rose, à ma grand-mère. Je ne me souviens plus de quoi parlait le poème, mais je me rappelle sa silhouette : elle m'avait paru si grande dans cette rue étroite, regorgeant de boutiques aux stores délavés ; à cette époque-là, certaines boutiques montraient déjà les premiers signes de pénurie. Dans la rue, de nombreux passants s'apprêtaient à retourner au bureau, et des élèves sortaient du lycée Forjadores del Futuro[1], situé en face du parc et de la place des Capitaines Généraux (où se dresse la statue en hommage à Carlos Manuel de Céspedes[2]).

Bien des années après, j'ai eu l'audace de dédier l'un de mes poèmes au Caballero de Paris. J'avais continué de le voir et je le saluais, comme s'il avait été un lointain parent. Jamais je ne me suis moquée de lui, comme tant d'autres le faisaient ; ni de lui, ni de sa saleté, ni de sa

1. Forgerons du futur. [N.d.T.]
2. Leader indépendantiste cubain (1819-1874). [N.d.T.]

cape toujours plus misérable et toujours plus râpée. Le Caballero de Paris a accompagné toute mon enfance et toute mon adolescence, et il était encore en vie au temps de ma première jeunesse. Il est mort le 11 juillet 1985, après avoir été interné dans un hôpital psychiatrique.

On le disait fou et vaniteux, et pourtant, parmi toutes les figures havanaises que j'ai croisées, je ne me rappelle pas personne plus simple, plus polie et plus cultivée. Son vrai nom était José María López Lledín. Il était né dans la province de Lugo, en Espagne, un 30 décembre 1899. Il était arrivé à Cuba avant l'âge de quinze ans et, comme le font en général les émigrés, il avait exercé diverses professions. On racontait que sa santé mentale avait commencé de vaciller à sa sortie de prison, et l'on disait aussi qu'il n'était pas coupable du délit pour lequel on l'avait emprisonné.

Lorsque je me promène dans les rues étroites du Marais, il m'arrive de croiser des êtres qui me font penser au Caballero de Paris, les poèmes en moins. Ils ont parfois avec eux un instrument de musique, ou alors ils fredonnent une aria de Verdi. Et c'est comme si je me promenais à nouveau dans La Havane. Comme si la mince silhouette élégante, surgissant devant moi, ouvrait sa fine main pour me saluer, depuis l'éternité.

Voici le poème que je lui ai dédié, il y a des années :

LE *CABALLERO* STUPÉFAIT

« Ne devinez-vous pas pourquoi je meurs d'amour ?
[...]
Ne devinez-vous pas pourquoi je bous d'ivresse ? »

ARTHUR RIMBAUD[1]

Ici et ailleurs à la fois, le *Caballero*
confond la cathédrale de La Havane
avec Notre-Dame et se prend lui-même
pour Victor Jugo[2].
Ses pieds traînent dans les flaques d'eau
des terrains vagues
et foulent des étoiles ancestrales.
Puis le voilà qui vit sa vie à travers le reflet
que lui tend un miroir.
Sur le pas de chaque porte, des femmes ébahies
le regardent passer,

1. Vers issus d'« Un cœur sous une soutane », traduits en espagnol dans le texte original. [N.d.T.]

2. En espagnol, *jugo* signifie « jus » au sens propre. [N.d.T.]

il baragouine en français et les gens s'exclament :
Ah !
Quelqu'un se risque à lui demander
pourquoi tant de misère
et il répond, la tête basse : *C'est la vie !**
L'importun bat alors en retraite.
Un enfant lui demande quelque chose
mais la pluie l'empêche de répondre.
Quelque part sur un seuil il se laisse tomber
en marmonnant n'importe quoi,
ses lèvres remuent doucement :
Oisive jeunesse à tout asservie
Par délicatesse j'ai perdu ma vie[1].

LA HAVANE, 1979

1. Vers issus du poème « Chanson de la plus haute tour » d'Arthur Rimbaud, en français dans le texte original. [N.d.T.]

VI

En marchant dans la rue Cuba, j'apercevais de loin la lumière orangée qui sortait par la porte grande ouverte de l'église de La Merced. Cette église accueillait tous les croyants, quel que soit leur culte. Je l'ai déjà évoquée dans plusieurs de mes romans, à travers mes souvenirs d'enfance, et j'en garde l'image d'un endroit hors du commun. À droite en entrant, il y avait Notre-Dame des Grâces, une vierge toute de blanc vêtue, et tout de suite après, on pouvait voir la châsse de verre qui abritait sainte Flora, une jeune femme aux traits fins, pâle et d'une grande beauté ; elle portait au cou une cicatrice mortelle. On racontait qu'elle avait été assassinée sur l'autel par l'un de ses nombreux prétendants, ou bien par l'homme qui allait devenir son mari, mais sa légende n'a jamais été très claire pour moi. Son apparence est saisissante, mais ce qui l'est davantage encore, c'est le verre, ou le calice, censé renfermer son cœur : la blessure à sa gorge était si profonde que, quand le couteau est ressorti, son cœur était resté accroché au bout.

Au fond, sur l'autel, une autre représentation de Notre-Dame des Grâces, elle aussi d'un blanc très pur. À l'entrée, à gauche, un Christ crucifié, nu, le corps meurtri, avec ses cinq plaies.

Dans cette église, j'ai fait deux ans de catéchisme, ainsi que ma communion et ma confirmation. Elle était un peu comme mon second foyer, bien que le gouvernement révolutionnaire ait interdit la fréquentation des lieux de culte. Recevoir une instruction religieuse était puni par la loi, car c'était un acte antirévolutionnaire. Il fallait se rendre à l'église en cachette si l'on ne voulait pas avoir de problèmes.

La construction de cette église, située rue Cuba, entre les rues Paula et Merced, a débuté en 1755 et n'a été achevée que vers la fin du XIXe siècle. Son toit est très haut ; l'entrée principale est encadrée de colonnades ; les murs ont été peints par des artistes cubains et européens : les maîtres Miguel Melero père et fils, Herrera, Chartrand, Petit, Didier et Zuloaga.

Au XXe siècle, de nombreuses personnes allaient à l'église de La Merced. Elle était devenue célèbre car les *santeros*[1] s'y rendaient aussi, tout comme les gens de la campagne qui pratiquaient des cultes yorubas. Nombre de *santeros* vivaient aux alentours de l'église : ils étaient venus s'y installer pour être près des « Grâces ». Dans l'église de La Merced, on a célébré en grande pompe des baptêmes et des mariages somptueux.

Je faisais partie de la chorale de l'église, que dirigeaient le frère Raúl et la professeure de musique, Mlle Miriam, et tout près de l'autel, je chantais ces fameuses paroles : « Votre doux regard pur emplit de joie le cœur de celui qui est triste, ô tendre Mère, ne nous quittez pas des yeux un seul instant. Bénissez-nous, ô tendre Mère, depuis le trône de votre amour… » Après avoir chanté, tout le monde se précipitait dans la cour, et je me sentais envahie d'une grande joie intérieure : là, nous pouvions prendre le goûter, et jouer en toute liberté. Tout autour du bassin, nous formions un cercle et observions pendant des heures, émerveillés, les poissons multicolores dont les bonnes sœurs s'occupaient avec le

1. Croyants et pratiquants de la *santería*, religion née du syncrétisme entre les saints catholiques et les divinités du panthéon yoruba ; le mot *santero* peut aussi désigner les prêtres de cette religion, propre aux Caraïbes. [N.d.T.]

plus grand soin, sous la houlette de la mère supérieure, sœur Esperanza. Ces visites ne pouvaient avoir lieu que le samedi soir, ou le dimanche dans la journée.

Je savais comment entrer en catimini dans l'église : à deux rues de là, je chaussais mes patins à roulettes et prenais de l'élan en glissant à toute vitesse, et à quelques mètres de la porte de La Merced, d'un virage acrobatique, je m'introduisais dans l'église. Le meilleur endroit pour faire du patin, c'étaient les chapelles latérales, quand il n'y avait personne. Puis je franchissais la porte qui donnait sur la cour où je poursuivais mes jeux, me frayant un passage parmi les faisceaux d'ombre et de lumière que dessinait le soleil sur le marbre du sol.

Après ma communion, alors que je préparais ma confirmation, je m'étais plus ou moins entichée d'un garçon de mon âge, et j'avoue aujourd'hui que mes premières aventures érotiques ont eu lieu à cet endroit même, à quelques pas du saint sacrement ; les bancs de bois étaient bien raides. Cela va de soi, je n'en avais pas parlé au curé en confession.

À deux ou trois rues de l'église de La Merced se trouvait l'ancienne Petite Place, où l'on pouvait acheter autrefois, avant 1959, de la viande, des légumes et des fruits à foison. En face de cette Petite Place, rue Acosta, il y a une autre église, l'église du Saint-Esprit ; je m'y suis rendue très souvent aussi, surtout lorsque je suis devenue amie – j'étais alors un peu plus âgée – avec le père Ángel Gaztelu, poète de la génération du groupe Orígenes[1], qui avait pour chef de file l'écrivain José Lezama Lima. Je me souviens d'un certain soir : je sortais de l'église avec ma grand-mère, et des communistes des CDR avaient commencé à nous jeter des pierres, comme ça, sans raison, simplement parce qu'ils nous avaient trouvées en train de sortir de l'église. C'était très mal vu à l'époque, et toute cette clique d'hypocrites nous condamnait pour cela ; et pourtant, je serais prête à parier qu'ils vivent à Miami, maintenant, et qu'ils sont devenus de vraies grenouilles de bénitier.

Sous le maître-autel, dans les cryptes, se trouvent les catacombes, auxquelles on accède par le côté gauche. C'est l'église la plus ancienne de la ville. Construite en 1638, grâce à une main-d'œuvre composée d'esclaves afro-cubains (tout comme la cathédrale de La Havane), elle a été restaurée à deux reprises. Elle est d'une simplicité sans précédent, et c'est justement cette sobriété

1. Origines. [N.d.T.]

qui en fait un temple unique. Sur ses murs, on peut voir des tableaux de la main d'artistes majeurs, qui représentent la vie et le calvaire du Christ. L'église possède un clocher à trois étages, qui se situe du côté gauche... C'est aussi du côté gauche que se trouvaient les appartements du père Gaztelu. Il était toujours accompagné de son assistant, un mulâtre qui avait pour habitude de lisser sa chevelure crépue, *mulato de pasa planchá*[1], comme on dit en *hablanero*[2] – c'est ainsi que Guillermo Cabrera Infante appelle l'espagnol parlé à La Havane[3].

---

1. À Cuba, on appelle *pasas* les cheveux des Noirs ; *planchá* est une forme abrégée du participe passé *planchada* (*planchar* signifie ici « lisser »). [N.d.T.]
2. Néologisme forgé à partir d'un jeu de mots autour des termes *habanero* (havanais) et *hablar* (parler). [N.d.T.]
3. *Todo está hecho con espejos. Cuentos casi completos*, Alfaguara, Madrid, 1999.

VII

Petite, ma plus grande distraction était d'aller toute seule contempler les bateaux sur les eaux de la baie. Une fois adulte, j'ai souvent évoqué les différentes manières dont j'ai pu habiter ce lieu sacré, du temps de mon enfance. Je pouvais rester là jusqu'à minuit, et même jusqu'au petit matin, repensant aux bobards que j'avais racontés à l'école, aux mensonges que j'avais dits à ma mère et à ma grand-mère, à mes fugues… Ou encore à ce baiser, farouche et inopportun, qu'un camarade de collège m'avait volé sur le mur du Malecón.

Là-bas, à une certaine distance, un homme s'endormait sur le mur, sans comprendre pourquoi la vie l'avait condamné à vivre dans cette ville : sa mélancolique Havane.

Je me souviens de mes jeux matinaux, qu'un faible vent d'hiver interrompait, je réentends les promesses désinvoltes de mon père, et puis je me revois, repoussant en silence le remède au goût amer que ma grand-mère me tendait, lorsque j'étais malade ou que j'avais une crise d'asthme.

Depuis toutes ces années d'exil, le souvenir de mon enfance dans la ville n'a cessé de me hanter au plus profond des nuits.

A-t-il existé, le garde de ce parc qui attachait des fleurs, des hibiscus, à mes tresses, ou bien l'ai-je inventé ?

A-t-elle bien existé, la *ceiba*[1] havanaise ? Ai-je vraiment tourné autour d'elle, le 16 novembre de chaque année[2] ? Oui, tout cela a existé, tout comme ont existé les paroles de cet homme, plus âgé que moi, que j'ai aimé au pied de la *ceiba* ; il me révélait tous les secrets de cet arbre, et ceux de la statue de Ferdinand VII : le sceptre qu'il empoigne évoque à s'y méprendre un sexe en érection.

---

1. Arbre tropical connu en français sous le nom de « fromager » ou de « kapokier ». [N.d.T.]

2. Pour célébrer la fondation de La Havane (16 novembre 1519), la tradition veut que les habitants de la ville tournent trois fois autour de la *ceiba* plantée à l'entrée du monument appelé El Templete. [N.d.T.]

Je ne sais pas pourquoi, dans mes souvenirs, tout se passe toujours la nuit…

Ma mère rentrait du travail à l'aube, le corps tout tremblant. Elle ne m'a jamais chanté de chanson, mais j'avais toujours droit à un baiser. Elle ne soupçonnait rien de mes amours adolescentes avec un homme – havanais – bien plus âgé que moi.

Les opéras du théâtre Martí étaient-ils bien réels ? Et a-t-elle vraiment existé, cette grand-mère qui se prenait pour une formidable actrice et répétait opérette sur opérette ?

Cette grand-mère, qui s'est perdue par un autre petit matin froid, un 24 décembre, bien décidée à trouver des lièvres au beau milieu des rues de La Havane ; bien sûr que tout cela a existé.

L'obscurité de la ville, mon paradis, ma lumière. Je cherche les enfants ; ils ont déjà rejoint les rangs des adultes qui, comme moi, étouffent. Je n'en trouve pas un seul qui me ressemble, qui soit mon double, mon espoir heureux.

La douceur de la ville, très tôt le matin, était pareille à la douceur de ma mère qui, telle l'ombre des nuages, caressait tout sur son passage. Ma mère ne rentrait pas avant la cinquième heure du jour, cette heure où la dureté de la terre humide n'a d'égale que la prodigieuse pureté du diamant.

Je me repasse les photos : ma mère, en ville, avec son sourire empreint de tristesse ; ma mère, travaillant à la plantation nationale de café… Ma mère, sur un camion, habillée en paysanne, s'apprête à s'acquitter de ses tâches agricoles ; sa tête est recouverte d'un grossier foulard de kolkhozienne. Elle s'endort sur des routes désertes. Tout près de la lagune d'Ariguanabo, elle se recroqueville sur elle-même, dans ses vêtements en haillons ; les sillons creusés dans la terre exhalent une odeur de grain de café humide.

À son retour, ma mère porte sur ses épaules le poids de la ville tout entière. Elle me dit :

— Va à la boulangerie ; moi, je suis exténuée… Et ne traîne pas, sinon il n'y aura plus que du mauvais pain…

Pour moi, l'enfance était un pain tout chaud. La ville se résumait à l'odeur de ce pain croustillant, et aux bras du boulanger, ces bras dont le métier est encore plus vieux que l'Ancien Testament. On gagne le bon goût du pain à la sueur du front du boulanger. Une indescriptible odeur me revient de loin, une odeur de miel chaud coulant sur la farine. Les *vizcondes*[1] sortent du four. Comme ils sont bien arrondis, ils tiennent pile-poil sur le palais. Voilà ce qu'étaient les joyeux matins du boulanger dans sa boulangerie, palais de miel et de farine.

L'écriture fait ressurgir ma Havane et ses fantômes. Trois petites filles dans le miroir : elles s'obstinent à me dire que je leur ressemble. Entre leur époque et la mienne, le temps a passé comme l'éclair, et j'ai bien peu de chances d'échapper à leur cri, qui n'a rien de poétique.

On a beau les repriser, nos vieilles fripes tombent en lambeaux, et l'on ne peut recoudre ce trou qui les dévore inexorablement. La Havane est aussi la ville des couturières, des petites mains qui travaillent sur mesure.

Le temps a flétri leur chevelure comme si l'hiver, sans crier gare, s'était invité au beau milieu de l'été. Ce sont maintenant trois petites vieilles avec des airs d'enfants, ou trois petites filles rongées par la rouille des ans. Je ne sais pas très bien. En tout cas, à bord de leur carriole

1. *Vizconde* signifie littéralement « vicomte » ; à Cuba, les *vizcondes* sont des gâteaux à base de pain imbibé de sirop et recouvert de crème. [N.d.T.]

moqueuse, elles viennent m'assurer que je ne suis pas en train de rêver.

Première petite fille : Bianka.

Elle essaie déjà ses chaussons et me remercie ; pourtant, elle n'est encore qu'un embryon. Elle veut déjà être danseuse ; pourtant, elle n'est qu'un nouveau-né : le cordon ombilical n'a pas encore été coupé. Elle a la blancheur de Giselle ; elle se hisse sur la pointe des pieds, comme Alicia Alonso[1] dans le vieux théâtre Federico García Lorca. Elle est née prématurée, une prématurée en équilibre sur les dés de la vie. Dans sa poche, un canari : elle l'a volé dans le parc central, et rien ne perturbe l'oiseau qu'elle retient dans sa jupe, pas même les chats qui, par moments, pointent le bout de leur museau. Son corps est une cage merveilleuse où elle camoufle des marionnettes et des friandises. Elle murmure que cette ville l'anéantit. Tout comme elle m'anéantit.

Deuxième petite fille : Anxela.

La Havane est la ville des potiers, et l'un d'eux prend ses jambes à son cou, parce qu'il a mêlé le

1. Danseuse et chorégraphe cubaine. [N.d.T.]

rire à l'argile. Il s'enfuit, loin du moule d'où allait sortir Anxela ; loin du moule d'où je suis sortie.

Ce père, dont tu es le double féminin, ne t'a laissé en héritage que des pantalons trop larges. L'étonnement ne dure jamais longtemps pour les gens de ta lignée, petite Havanaise hâbleuse, toi qui parles en *hablanero*. Tu feins d'être la plus joyeuse pour cacher que tu es la plus triste. On aurait dû t'appeler Stéphanie, comme Stefania Sandrelli [1], car c'est le prénom qui dit le mieux ton orgueilleuse absence.

Troisième petite fille : Eskaila.

Elle lit le journal à l'envers. À la une, aujourd'hui : les enfants qui naissent malades, et les pommades vertes pour en finir avec l'angine. Sur son visage, ce quelque chose de masculin qu'ont les petites filles solitaires, peu soucieuses des histoires de famille. Asthmatique invétérée.

À l'internat, à l'heure du déjeuner, l'immonde nappe la répugne. Elle déteste les compliments. Petit lapin ensorcelé, elle trouve refuge dans un chapeau de magicien. Elle arborait fièrement ses chaussures à l'envers : on aurait dit Pilar, la petite

1. Actrice italienne. [N.d.T.]

fille du poème, à ceci près que Pilar n'avait plus de souliers du tout[1].

Toi, petite fille qui n'avais pas peur des recoins solitaires de la ville, sous les averses… Et là encore, cette petite fille, c'était moi.

---

1. Pilar est le personnage principal du célèbre poème : *Los Zapaticos de rosa* de l'écrivain cubain José Martí, publié en 1889 (adapté en français par Armand Godoy : *Les Petits Souliers roses*, Paris, Éditions Émile-Paul frères, 1931) ; à la fin du poème, elle offre ses souliers à une petite fille malade. [N.d.T.]

VIII

Les couleurs de La Havane… Vert, parfum d'un galant de nuit[1] ou de jasmins brûlés dans les rues du Cerro[2]. Rouge, un deuil crépusculaire craché depuis les cieux, et qui se propageait à chaque coin de rue. Gris, robe du soir – son ourlet découvrait les genoux d'une amie. Blanc, ses rafales de nacre me distraient. C'est le blanc de l'aurore et du jour vaporeux.

Jaune, canaris capturés sur la place Monte y Romay.

Bleu, ma première robe longue, bordée de paillettes – c'était la première fois que je me

---

1. Arbuste d'Amérique centrale et des Antilles, également appelé « cestreau nocturne » ou « jasmin de nuit » ; ses fleurs s'ouvrent la nuit en dégageant un parfum très puissant. [N.d.T.]

2. Quartier de La Havane. [N.d.T.]

sentais ridicule. En revanche, c'est une couleur qui sied bien à la mer. Et ce bleu étalé à pleines pelletées dans le ciel, au-dessus du Malecón.

Noir, voilette pour aller à la messe. Et c'est aussi Julia, ma camarade de jeu, mon amie sémaphore – comme je l'ai appelée dans un poème.

Orangé : maman, qui sent la mandarine et les odeurs de restaurant.

Marron ou brun, ma chatte Sibila, qui grimpe sur les toits, sur les tuiles glissantes de la cathédrale. Elle griffe les nuages. La nuit verse des larmes – épaisse averse. Sous cette pluie, la petite chatte aura la peur de sa vie. Perchée en secret sur le dos de la lune, elle côtoie l'âme des morts. Puis elle descend, déçue par ce monde malade, enseveli sous un linceul.

Maintenant, Sibila est blanche comme la lune ; elle a la pâleur de l'amoureuse en colère, Doña Inés de Bobadilla : du haut de sa tour, Inés attendit le retour de Don Fernando, parti pour la Floride en quête de la fontaine de jouvence, mais jamais il ne revint[1].

---

1. Allusion à la légende d'Isabel (ou Inés) de Bobadilla et de son époux Fernando (ou Hernando) de Soto, conquistador espagnol et gouverneur de l'île de Cuba entre 1538 et 1539. Pendant l'expédition de son mari en Floride, Isabel

Dès qu'elle est seule près d'une fenêtre, elle pousse des cris incohérents. Elle s'élèvera vers la seule chose qui peut encore la faire vibrer, vers l'inconnu. Elle verra que le ciel est peuplé de Grecs, et elle pourra enfin séduire Mars. Elle sera saisie de stupeur sous la voûte céleste, elle prendra les étoiles pour des poissons et les confondra avec les ballons du parc des Amoureux. Ses yeux sont si sensibles. Et puis elle reviendra, funambule en éveil, en équilibre sur le fil que lui tend le sommeil ; elle fera tomber une tuile mais continuera d'avancer, aussi légère que la lumière.

Tout à coup apparaît la Marquise, une autre figure havanaise. Avec des airs de noble déchue, elle lève sa cigarette et la cendre tombe, en virevoltant, sur les vieux meubles : bonheur-du-jour, fauteuil à bascule, buffet. Rien n'échappe aux brûlures de ses cigarettes.

À son cou, un camée ; c'est le comble de la distinction, la fantaisie par excellence : belle étoffe de morgue, brodée par l'imagination.

---

assuma la charge de gouverneur et capitaine général jusqu'en 1544. La statue d'Isabel, au sommet du Castillo de la Real Fuerza, compte parmi les principaux symboles de La Havane. [N.d.T.]

Dans le ventre de la Marquise, il y a un garçon qui pleure : son fiancé, dit-elle. Ses cheveux sont pareils à la soie défraîchie d'un vêtement passé de mode. Ses yeux, pleins de candeur, interrogent chaque chose. Elle lit et dort en même temps.

Elle coud avec du fil d'or, et de ses mains naît l'infini. Il faut la voir s'inventer des châteaux ! Peut-être par nostalgie des murs de l'Alhambra…

Dans les rues, elle trottine comme les enfants, comme la petite fille qu'elle a été.

La Marquise fait son théâtre et nous, admiratifs, nous l'applaudissons.

Chez elle, rue San Juan de Dios, elle agrippait sa jupe et se mettait à danser au rythme d'une goutte d'eau qui pénétrait dans ses tympans.

La Marquise est noire, ses cheveux couleur suie ont des reflets violets. Elle n'entendra jamais, car sa tête est remplie de cascades et de lutins. Elle est sourde, la Marquise, et c'est pourquoi elle est si musicale.

IX

Il fallait prendre la route cinquante-huit et descendre au préventorium ; de là, je traversais toute seule une sorte de petite forêt, où l'on apercevait de temps en temps une maisonnette, fermée ou sous scellés, parce que les propriétaires avaient quitté le pays.

Le lever du jour n'est pas le même à Cojímar[1] et dans la Vieille Havane. C'est pourtant le même ciel, le même soleil, et le trajet en bus ne dure que quarante-cinq minutes environ.

À Cojímar, j'ai découvert un lever du jour d'une douceur infinie ; j'ai découvert aussi que la mer pouvait être blanche, et son écume, semblable à celle du lait qui bout.

---

1. Petit village de pêcheurs à quelques kilomètres de La Havane. [N.d.T.]

Je découvre les rires derrière les dunes, je me blesse les pieds sur les *guisasos*[1], j'apprends à lancer les filets dans l'eau et à arracher les nageoires et les crocs des requins.

Depuis la confiserie, le miel coulait lentement pour rejoindre la mer. Ernest Hemingway aimait profondément Cojímar ; là, il pêchait le poisson aiguille et buvait avec les pêcheurs. Il ne disait pas « *el mar* », mais « *la mar* »[2], comme le faisaient ces hommes toujours pieds nus, aux jambes arquées et aux bras noueux : les pêcheurs de Cojímar.

Je marchais seule pendant des heures sur les *dientes de perros*[3], pieds nus. Je trouvais refuge dans les trous, au bord de l'eau, et j'attendais que les vagues s'élancent sur mon corps, le faisant presque s'envoler.

Lorsqu'on parle de La Havane, on a souvent tendance à oublier Cojímar. C'est un village de

1. Nom générique désignant différentes espèces de plantes sauvages qui donnent des fruits verts hérissés d'épines. [N.d.T.]

2. La mer ; en espagnol, le mot *mar* est masculin dans son sens propre, en dehors des emplois poétiques et de certaines acceptions, où il peut être féminin. [N.d.T.]

3. À Cuba, roche dont la surface forme des dents pointues ; littéralement : dents de chiens. [N.d.T.]

bord de mer, mais c'est avant tout un village de pêcheurs, peuplé de gens joyeux et irrévérencieux, qui aiment danser.

De toutes les plages de Cuba, c'est celle de Cojímar que je préfère ; elle est agitée, mystérieuse. Encore relativement intacte.

Là-bas, dans cette maison de Cojímar, la solitude était pareille à un sourire qui glisse à la surface des meubles ; c'était une lueur tremblante, discontinue ; c'était un fredonnement. Et soudain, une ruée d'enfants : on verra bien qui arrivera le premier en haut du prunier ! La sève des géraniums ruisselait sur mes mains. La pendule s'arrêtait, clair-obscur éphémère. Ce village est fait pour les peintres et les poètes : le navire de la poésie est venu avec moi pour refaire sa carène sur les rivages de Cojímar.

Il y avait toujours un lit pour moi, quelque part dans le voisinage. Ma taille était déserte : aucun drap ne la recouvrait, et aucun bras ne l'enlaçait. J'avais dans la bouche un goût de mer.

Ma grand-mère venait parfois me chercher ; plus tard, ce serait l'homme au parapluie noir qui viendrait, par les matins d'hiver qu'illuminaient les rayons d'un doux soleil.

— C'est moi, me disait-il, tu m'as couru après, tu t'en souviens ?

— Ton image se brouille, lui répondais-je, où es-tu ?

C'est alors qu'une musique irréelle s'élevait de la 29e rue. Quelqu'un me disait que cette musique remontait au temps des femmes sourdes, qui frappaient leur sexe avec du sel. Des femmes sourdes qui chantaient, pour se faire une idée de ce qu'était la musique.

Mes oreilles sont pleines de sable, et je suis à deux doigts d'entendre ce sifflement qu'elles entendent, lorsqu'elles vont donner le jour à un garçon. Une aiguille tricotera dans le vent, et les bruits de couture iront gonfler le grondement du tonnerre. Les femmes sourdes ne l'entendent pas, mais elles voient bien la foudre. À Cojímar, il peut pleuvoir beaucoup, sans fin. Je me réveillais avec un arrière-goût d'eau de Javel, le corps tout salé, tout défait.

X

J'ai vécu jusqu'ici dans une sorte de passé engourdi, où La Havane a toujours été très présente. C'est un sommeil entrecoupé de brefs sursauts. Mon cœur palpite, comme pour me dire qu'il est temps de me réveiller. Alors je me réveille, je redeviens moi-même, et tout s'arrête.

Après la démolition de notre maison, au 160 de la rue Muralla (entre les rues Cuba et San Ignacio), nous nous étions retrouvées sans rien, et les autorités nous avaient envoyées dans une auberge, rue Monserrate, à côté du somptueux édifice Bacardí (Art déco), en face du cinéma Actualidades[1]. Nous y avons vécu pendant deux ans, entourées de voisins agressifs et terriblement dangereux. Nous étions tous entassés sur deux étages, dans cette auberge qui voisinait l'un des

1. Actualités. [N.d.T.]

bâtiments les plus luxueux du monde, même s'il avait déjà beaucoup perdu de sa splendeur.

La construction de l'édifice Bacardí fut achevée en 1930. C'est l'œuvre des architectes Esteban Rodríguez Castells, Rafael Fernández Ruenes et José Menéndez, et c'est l'un des bijoux architecturaux de la ville. Situé rue Monserrate, entre les rues Empedrado et San Juan de Dios, il fait partie des bâtiments qui délimitent la Vieille Havane et La Havane des trois premières décennies de la République. Bien qu'il ne fasse que sept étages, il est plus haut que les immeubles voisins. C'est un véritable temple de l'Art déco, le plus beau de la ville. Il a toujours appartenu à la compagnie Rhum Bacardí, d'où son nom. Son architecture est symétrique : il se compose de trois parties, avec une tour centrale. On doit la décoration de sa façade au peintre Maxfield Parrish. La célèbre chauve-souris de la marque Bacardí surmonte l'édifice, symbole de vigilance qui remonte à l'époque de la colonisation espagnole.

Au cinéma Actualidades, ma grand-mère avait obtenu de la guichetière que je puisse faire mes devoirs dans la salle, sur les fauteuils d'orchestre, avec d'autres enfants qui traversaient, comme moi, le plus pénible des moments. Nous n'avions ni maison ni vêtements, et à peine de quoi manger ; jour après jour, nos parents se battaient pour survivre. La guichetière était si gentille qu'elle nous avait même autorisés à rester dans le cinéma la nuit ; les fauteuils offraient des lits bien plus confortables que ces couchettes humides, en toile de jute, que nous avions à l'auberge.

C'est au cinéma que je me suis forgé ma première idée du monde, depuis ma chambre-fauteuil d'orchestre. Il fallait voir les navets nord-coréens et soviétiques que l'on pouvait se farcir… C'était à vomir, ça vous donnait envie de pleurer jusqu'au lendemain. C'est peut-être pour cette raison que n'importe quel film me fait pleurer au cinéma, aujourd'hui encore.

Andrés, un des adolescents qui vivait dans mon ancien immeuble, presque un jeune homme, me montrait souvent un morceau de la rampe d'escalier, qu'il avait réussi à sauver de la démolition. La rampe où sa première petite amie avait posé la main, me disait-il. J'étais persuadée qu'Andrés Landa Lora était devenu à moitié fou après la destruction de notre immeuble.

— L'escalier avait deux marches en moins, tu te souviens ? me demandait-il inlassablement –

comme si je n'avais rien d'autre à faire que de penser à ces deux marches d'escalier pourries.

L'après-midi, nous allions au parc Zayas, avant qu'il ne devienne l'horreur qu'il est aujourd'hui... On y trouve à présent le *Granma*, le yacht à bord duquel Fidel Castro et ses quatre-vingt-deux hommes ont débarqué ; le parc a été détruit. Nous piétinions les gravillons et les terrains de jeux de boules, nous explorions le parc dans ses moindres recoins.

À cette époque, ma grand-mère avait décrété que j'avais la fibre d'une trapéziste : elle m'avait inscrite au cirque ambulant de Coqui García, qui est ensuite devenu le Cirque national.

Que ce soit au cirque, au parc Zayas ou au parc des Amoureux, l'homme au parapluie noir venait souvent me demander si, par hasard, je n'aurais pas vu Marcos. Marcos était un ivrogne, il n'était jamais vraiment nulle part, mais il n'était surtout jamais très loin du comptoir. Dans le bar à l'angle des rues Aguiar et Chacón, il manipulait le phonographe, d'où sortait une étrange mélodie kitsch.

L'homme au parapluie noir me demandait si j'avais envie d'avoir une maison. Il me proposait aussi de venir vivre avec lui, dans sa chambre ; il avait accroché au mur un tableau représentant trois Indiens, et il possédait un lit-placard où l'on pouvait tenir à trois. Il m'avait avoué que son père était à l'asile. Sa mère s'appelait Esther, elle était couturière : elle travaillait toujours à des heures impossibles, et les grincements de sa machine à coudre, une Singer, dérangeaient tout le monde. Sa grand-mère passait son temps à regarder ses mains ; elle réclamait des chaussons neufs, parce qu'elle avait froid aux pieds ; elle criait qu'on devait l'emmener à la cathédrale pour qu'elle se remarie.

XI

La campagne havanaise. Campo Florido, un quartier chic. Bejucal, peut-être moins chic, mais tout aussi beau. La Havane ne se limite pas à la Vieille Havane, à La Havane centre et aux autres quartiers : El Vedado, Miramar, Nuevo Vedado, Marianao. La Havane, c'est aussi la campagne, celle qui fut et qui n'est plus, celle de l'époque où El Vedado portait encore bien son nom – ce n'était qu'un champ interdit d'accès[1] –, ou celle du temps où naquit le fleuve Almendares : la légende raconte qu'il y a plus de cinq cents ans, le fleuve a jailli de l'œil d'un cheval mort, dont le squelette était couché en travers d'un fossé.

1. *Vedado* signifie « interdit » ; un *vedado* désigne un terrain où il est interdit d'entrer par décret de loi ou par ordonnance. [N.d.T.]

J'aime tant la saison des récoltes dans les champs de Cuba, les cabanes des paysans, les bougies qui hypnotisent et, sous leur lueur, les lettres qui tressautent sur les pages du livre.

J'aime l'odeur du charbon, et celle de la viande fumée qu'on empile dans un plat en métal pour l'effiler et la faire mariner dans la coriandre, avec une pointe de confiture de goyave.

J'aime les arbres – bois tombé du ciel, guerriers aux mille parfums – et leurs fruits ancestraux, si savoureux.

J'aime les épouses des paysans havanais, havanaises elles aussi ; elles sont si pleines d'espoir. Assises au pied d'un palmier ou d'un flamboyant, elles repensent au bon pain d'autrefois.

J'aime les animaux ; dans mes solitudes d'enfant, j'ai découvert en les observant les langages du sexe.

J'aime le chat des villes. J'aime le chat de la campagne havanaise ; son corps meurtri raconte toute son histoire. J'aime son odeur : la quintessence de sa peau.

J'aime le *guajiro*[1], et ce chapeau tout écrasé sur sa tête ; sautant pieds nus sur la terre qu'il laboure, il adresse au soleil un sourire moqueur.

1. Paysan cubain. [N.d.T.]

Il a toujours, au coin de la bouche, une cigarette complice.

J'aime les couleurs de la ville, tout près de la campagne, certaines brillantes, d'autres opaques, comme dans un tableau d'Esteban Chartrand Dubois (1840-1883).

Mais la campagne, c'est aussi la misère ; je la déteste, comme je déteste les insectes, la crasse des animaux, les maladies. Non, je n'idéalise pas la campagne.

Ma mère me disait souvent que la « ville champêtre[1] » était dans les livres. Et j'y ai élu domicile, je la retrouvais partout : dans la rue, sur une étagère, dans un regard. La « ville champêtre » puisait sa source chez un certain auteur, qui n'a cessé de la réécrire, depuis son adolescence jusqu'à sa vieillesse.

Elle était née dans une certaine maison, aux colonnes torsadées, située au numéro 162 de la rue Trocadero : la maison de José Lezama Lima. C'était la seule et unique maison avec des colonnes torsadées, dans ce quartier.

1. Allusion à la partie de la province de La Havane appelée Habana Campo, et à la littérature produite à cet endroit. [N.d.T.]

Et dans le mince espace que parcourent ses mots pour atteindre mes yeux, il y a toute une sagesse, vieille de plusieurs siècles ; entre ses mains et les miennes s'étend un silence métaphysique.

La campagne, ouverte comme un livre, m'attendait depuis des années ; elle était là, dans la concision de la poésie du plus hermétique de nos poètes, le Góngora havanais des *Soledades*[1] : José Lezama Lima.

Ma mère me parlait des fleuves, et moi, je les lisais dans la poésie de Lezama Lima, et dans celle de Dulce María Loynaz. J'en étais habitée, ainsi que de leur musique, les « jeux de l'eau[2] ». Je fermais les yeux et mes cheveux étaient couverts de baisers sur la rive d'un fleuve, sur le sable d'une plage. Ma respiration dans la mer se faisait plus agitée, les vagues venaient me mordre en dessous des épaules.

Je parlais pendant des heures avec l'homme au parapluie noir. Je le prévenais : « C'est pour que

1. Luis de Góngora (1561-1627), poète espagnol du Siècle d'or, auteur des *Soledades* (*Solitudes*). [N.d.T.]

2. Allusion à un recueil de poèmes de Dulce María Loynaz, *Juegos de agua* (*Jeux d'eau*), publié en 1947. [N.d.T.]

tu te protèges de mes larmes, elles sont un triste embarcadère. C'est pour que tu te donnes à moi tout entier, ou moi à toi. C'est pour abolir, à l'intérieur de mes cuisses, la distance entre nous. C'est pour cela que j'écris sur la ville, c'est pour avoir une longueur d'avance sur les événements. »

Et ainsi, le rêve s'est encore agrandi. Il s'est changé en arbre ; du miel coule de ses branches.

Le silence s'accroît ; le poème, c'est la nuit qui arrive par la porte d'entrée et qui vient à moi. La pluie augmente ; je suis à peine mouillée à l'intérieur de son corps. La lumière s'intensifie ; il en est le reflet projeté sur ma robe. Notre respiration augmente ; nous roulons l'un sur l'autre, nus, dans l'ombre. Le pays s'agrandit ; nous pénétrons dans la paume de sa main. La ville s'agrandit ; ses racines nous gênent.

Tous les soirs, nous nous asseyions sous la lumière orangée de sa lampe favorite, et nous parlions des écoles à la campagne, des inévitables souffrances, des étranges retours vers une ville tout entachée d'oubli.

L'homme au parapluie noir essayait de transcrire une interview, mais le feuilleton télévisé des voisins se mêlait au bruit de la machine à écrire. Le couple de jeunes mariés (tous deux infirmiers) ne se lassait pas d'écouter Aznavour à la radio russe.

Mozart franchissait les murs du séminaire San Carlos. Le trio de La Bodeguita del Medio[1] jouait *La Engañadora*[2] ; au bar Prado y Neptuno, cette chanson prenait des airs beaucoup plus ronflants. Dans une voiture, sur le parking d'en face, un couple faisait l'amour sur *Les Quatre Saisons* de Vivaldi. Au musée, Alina Sánchez[3] incarnait le personnage de Cecilia Valdés. Dans son Walkman, pour échapper au bruit, il avait mis du Bach.

Une rumeur de chants grégoriens s'échappait de la cathédrale. Dans la baie, le haut-parleur d'un bateau déversait dans la mer les sons de l'*Ouverture 1812*[4], dont les coups de canon faisaient trembler les miroirs. La chambre était si petite que toutes les mélodies venaient s'y mélanger. Et nous, nous rêvions toujours de la campagne.

---

1. Bar-restaurant typique de La Havane, littéralement : la petite cave du milieu. [N.d.T.]

2. Chanson de cha-cha-cha écrite par le violoniste Enrique Jorrín et interprétée pour la première fois en 1953 par la *charanga* (fanfare) cubaine Orquesta América. [N.d.T.]

3. Actrice cubaine. [N.d.T.]

4. L'*Ouverture solennelle 1812 en mi bémol majeur* de Tchaïkovski. [N.d.T.]

Une femme, égarée dans la maison, quelque part dans une mansarde qui semblait tapissée de mégots, allumait une autre radio, elle aussi soviétique. La musique qu'émettait cette radio souffreteuse parvenait jusqu'à nous comme un balbutiement. Mais où donc pouvait bien vivre cette femme ?

Puis la musique s'évanouissait, et la femme s'enveloppait sans doute dans des draps de soie, jaunis par le temps et la sueur.

— C'est une fille de la campagne qui vient de s'installer à La Havane, m'avait expliqué l'homme au parapluie noir.

Une odeur d'herbes défendues s'était emparée de la nuit ; la femme mélangeait entre elles des pierres en forme d'animaux ; puis elle dévalait l'escalier, avec ses jambes couvertes de taches de rousseur, le dos nu. Elle aurait dû s'appeler Anisia Leona.

L'eau se réveillait au bruit de ses pas.

Maman arrivait, sentant le parfum à plein nez ; elle me racontait des histoires de petites filles qui s'étaient évaporées à force de ne pas vouloir manger.

Anisia Leona ressemblait à ma mère, quand elle était arrivée de la campagne pour s'installer à La Havane, dans une triste chambre de la rue Conde.

Cette femme errait dans les couloirs ; elle marchait sur les toits, les balcons, les gargouilles de la cathédrale. Et un beau jour, elle n'est plus jamais revenue.

Je suis entrée dans sa chambre, en cachette. J'y ai trouvé des tableaux, peints par un ami anonyme, des livres, des photos. Et une image de la cabane où elle vivait, à Habana Campo.

Je dois réapprendre à lire, me suis-je dit, ou apprendre les mots par cœur, car c'est ainsi que les enfants commencent à lire, là-bas près du petit sentier.

XII

Quelqu'un se souvient-il de la Chinoise, cette autre grande figure havanaise ? Elle arrivait d'un pas décidé sur le Paseo del Prado et s'asseyait à côté d'un inconnu, elle se mouvait avec la sensualité arrogante d'une guêpe.

Toute une joyeuse foule allait à sa suite, friande de ses simagrées de *cocotte**. Elle chantait, criait, étirait son cou et remuait les épaules d'une manière ridicule. Elle caressait les lèvres de son double – un mirage – et refusait tout contact avec le divin, tel un chat qui se retrouve face à lui-même. Et comme un chat, elle s'éloignait, à l'affût d'une nouvelle apparition.

Elle avait eu ses heures de gloire ; et la voici de nouveau sur scène pour danser un tango. Quelques applaudissements, et la vie lui sourit.

Elle n'était avare ni d'éclats de rire ni de grossièretés, exaspérant ainsi les vieux autant qu'elle amusait les jeunes.

Lorsqu'elle prenait congé, on aurait dit une reine, sortie tout droit des siècles passés ; puis elle allait s'éteindre au cœur de la ville, comme le plus misérable des feux.

J'enfourchais un vélo qu'on m'avait prêté et descendais la rue Neptuno en pédalant à toute vitesse. Il y avait par là-bas un autre grand personnage féminin, Juana Bacallao[1]. Pour se foutre d'elle, les gens l'appelaient Juana la Loca[2].

C'est vrai, elle a la tête tendrement folle, toujours coiffée d'une perruque blonde platine. Sa poitrine est pareille aux nuits noires d'un pays glacial. Mes rêves fragiles comme le verre se fêlaient au son de sa voix, à la lisière de mes angoisses. Je l'imaginais dans des théâtres dorés et tapissés de damas rouge : elle avait l'air plus sombre encore dans son costume blanc, et le

1. Artiste populaire cubaine. [N.d.T.]

2. Jeanne Ire de Castille, dite « Jeanne la Folle », troisième enfant des Rois Catholiques, reine de Castille et d'Aragon au début du XVIe siècle. [N.d.T.]

public de l'hôtel Capri[1] était conquis par sa *guaracha*[2] pourtant bien monotone.

Elle arpentait la scène comme une tigresse qui vient de mettre bas ; elle jouait les inaccessibles. Mais Juana n'est pas née pour porter le voile gris du sérieux. Elle disparaît dans un château enchanté, dans le fort El Morro[3], emportant avec elle son indéchiffrable jeunesse.

Oh, que jamais elle ne troque sa douce démence contre un raffinement malvenu. Qu'elle reste comme elle est, charmante mulâtresse. Qu'elle se pare de sa couronne d'hibiscus, et que sa joviale déraison plane encore longtemps sur le souvenir de mon adolescence.

À l'angle (gothique) de la rue Cuarteles, les maisons s'enfoncent jusqu'au centre de la terre : une porte, puis c'est l'abîme. C'est là que se trouve la maison du père communiste de l'homme au parapluie noir.

---

1. Juana Bacallao s'est produite dans plusieurs hauts lieux de la vie nocturne cubaine, tels que le salon rouge de l'hôtel Capri. [N.d.T.]

2. Genre musical populaire né à Cuba au XVIIIe siècle : danse et chanson souvent satirique. [N.d.T.]

3. Le fort El Morro, à l'entrée nord de La Havane. [N.d.T.]

À travers un balcon entrouvert, les constellations nous saluent ; il faut dire que la vieille toiture s'est effondrée.

Je revois cette grand-mère, frappée par la fureur de la Galice ; je l'entends appeler son petit-fils, la prunelle de ses yeux ; et je la sens en moi, araignée moribonde.

J'entre dans la chambre du père communiste ; je suis surprise par la fumée que dégagent les meubles, surprise aussi par les meubles eux-mêmes : un lit, une armoire, un bureau, recouverts d'une poussière pâle.

Je découvre les trésors du vieil homme, qui avait rêvé d'être romancier : ses lectures, ses lettres au fils absent.

Au plafond, les formes presque invisibles de bêtes féroces, et des ombres rongées par l'humidité.

Une tasse, tachée d'un café vieux d'un an ; un miroir, si sale qu'il me déforme : il m'allonge et m'aplatit, comme l'Alice de Lewis Carroll.

Au fond, un escalier en colimaçon – spirale qui monte vers les astres.

Imperceptible, le bruit du matin entre par la fenêtre ; un vieillard va et vient et me demande qui je suis.

Je lui réponds que je suis un petit garçon (ça vaut mieux qu'une petite fille, me dis-je) et il me tend un bonbon, avant d'être happé par la spirale de l'univers.

Je rentre en vélo, toujours avec le vélo que m'a prêté un ami d'enfance ; je m'arrête devant la petite cour de la Maison du thé. Il se met à pleuvoir à verse.

La pluie tombe sur les rêves, sur le sol, sur les statues. La pluie tombe sur toi, marbre ardent et érotique, et ton visage a la blancheur de cet astre lointain.

La pluie tombe sur moi, sur cet ancien poème écrit par Carlos Manuel de Céspedes, le père de la patrie.

Si nous pouvions parler un instant, ô statue, échanger un regard plein de désir… Je t'emmènerais jusqu'à mon lit, si nous le pouvions…

Ton torse ressemble à celui de l'artiste qui t'a sculptée, ô statue.

Les statues nues, mes symboles préférés : images pétrifiées de l'amour.

Le temps s'éclaircit. Je me dirige à vélo vers le port, vers le quai de Luz. C'est un décor que l'on croirait sorti de l'imagination. Traces de pas sur des écailles de poisson.

J'emporte le paysage avec moi comme on tire une nappe, d'un coup de main.

Un ivrogne tape sur des chats qui n'arrêtent pas de le suivre, car des poissons sautent de ses poches.

Le Malecón est un long baiser, et à cet instant même je donne mon cœur à un homme.

Les chats se pourlèchent les babines et trépignent autour de la lune, qui déverse soudain la marée de la mort.

Je continue de m'abandonner à cet homme sans émotions.

Enfin, je verse toute la baie dans un verre et la bois. Les vagues déferlent contre le miroir. Le passé est toujours présent.

XIII

Vivre à La Havane, c'est aussi côtoyer la mort. Elle peut surgir de n'importe quelle fenêtre, se lancer à tes trousses et te rattraper en pleine fuite. C'est dimanche.

Totalement absente, ce dimanche, j'avance. Absente de cet hiver, qui tardera à toucher mes mains. Absente, c'est encore dimanche ; ils sont tous partis, me laissant seule, au beau milieu d'une ville fatiguée et blessée.

Je reçois parfois une lettre qui me redonne le sourire, ce sourire que j'avais encore il y a un an.

Absente de la ville, absente de mes rues, absente de cette odeur où se mêlent d'ineffaçables voix, comme des applaudissements éternels. Des applaudissements fatidiques.

Un 22 janvier 1995, j'ai quitté ma ville pour toujours. Applaudissements dramatiques.

Ma ville toute en couleurs, dessinée dans la pierre.

J'ai laissé derrière moi tant d'êtres chers. Ma mère. Luisa, ma théâtrale grand-mère. Eurtimia, notre voisine noire : elle vivait dans le plus grand dénuement, mais elle était si pleine de grâce ; elle avait compris le pourquoi de la misère.

Absente de mon absente maison, cette maison qui n'est faite que de manque et de perte, et qui n'est plus pour moi qu'une lointaine image.

Désormais, elle abrite des chats, ou des amants furtifs et entêtés.

Combien de vies ai-je vécues là-bas ? Ces milliers de vies que l'on crée quand on est un enfant : soubrette, guerrière, maîtresse d'école…

Un jour, toutes ces vies ne font plus qu'une, puis la vie disparaît, comme par enchantement.

Absente : j'ai laissé derrière moi les chiens abandonnés, les chiens au pelage usé, malmenés par le soleil.

J'ai encore la chance de voir le diable au pied de mon lit, comme les enfants. Je sais bien que les autres, ceux qui ressemblent à des adultes, étouffent d'autres bruits, là-bas, dans ma ville chérie.

Le dimanche, ma rue n'était que silence.

Meurs aujourd'hui, ô ma rue. La mort devrait toujours survenir un dimanche, quand le soleil courtise deux jambes entrouvertes, soyeuses et éphémères. Ou lors d'un déjeuner de famille, quand le temps ne semble plus qu'un long fleuve immobile.

J'ai apporté les maisons dublinoises jusqu'à ta dernière demeure, ici à La Havane.

Une odeur de tombe humide me parle d'une conversation avec le feu, qui remonte au temps où surgissaient les fantômes de mes ancêtres, dans le refuge exigu de mon enfance.

J'avais peur de toute lumière, j'avais peur des murs, et c'est elle, ma grand-mère, qui m'avait insufflé cette peur. Ma grand-mère aux yeux celtes ; elle, la messagère du sortilège.

Lorsque je la fixais du regard, je pouvais voir la large nuque de ses ancêtres, sous une tête de cerf. J'étais leur exact opposé, avec ma silhouette aussi frêle qu'une corde de trapéziste.

J'ai apporté l'almanach de James Joyce ; je suis la seule à pouvoir le comprendre, et je gueule une irrépressible histoire, l'histoire des grévistes irlandais, ces lièvres de la révolution qui éclot, dans un Dublin imaginaire ; une révolution que l'on voit poindre aussi dans les paysages cubains de Víctor Manuel, ces paysages qu'il a peints sur les parois d'un cercueil. *Víctor Manuel (1897-1969) a peint de nombreux portraits de paysannes cubaines. Ce peintre vivait dans l'une des petites tours surmontant le restaurant El Patio, sur la place de la Cathédrale, ancienne demeure du marquis de Aguas Claras.*

Le soir tombe jusqu'au fond de mes entrailles. La ville regrette ta noble odeur de cheval et ton paisible sein gorgé de lait lunaire. La ville est une bête, apaise-la avec tes sanglots, coups de fouet dans la nuit, et la graine de la soumission regagnera ton ventre. Ta destinée s'achèvera où elle a pris sa source, dans la caverne matrice. Belle parabole : je suis venue de toi, à toi je reviendrai.

La rue peut se trouver tout au bout de ta vie, la rue peut commencer sur ton visage. Ce vers quoi tu regardes, là est peut-être le chemin.

Partout, la rue peut te poursuivre, et toi, tu peux refuser qu'elle t'atteigne.

Ne tourne pas le dos aux rêves, sinon, à la nuit tombée, la ville t'arrachera les yeux.

À minuit, prends un miroir et compte les étoiles, compte-les jusqu'à trois cents : tu vas voir à quoi tu ressembleras dans quelques années, et c'est alors qu'apparaîtra la rue que tu devras fatalement emprunter. Ah, les vieilles superstitions havanaises !

La rue pourrait bien se trouver tout au bout de ta vie, mais il se pourrait aussi que tu n'arrives pas à compter trois cents étoiles d'un seul coup, ou bien que tu ne parviennes jamais à te trouver dans le miroir.

XIV

Je tiens ses mains, patinées de bronze, les mains de la ville. La lucarne laisse entrevoir la cime d'un arbre. Le vent s'amuse avec de faux moineaux ; les vrais sont en train de voler autour du séminaire San Carlos et San Ambrosio, où ils ont fait leur nid. La pendule est morte ; à l'intérieur, il y a un message oublié. Je tiens aussi les mains du poète et du guerrier.

Je me sens abandonnée dans cette ville ; c'est elle qui tient mes mains dans les siennes, à présent.

À l'aube, la mer monte vers nous et je l'entends mugir. J'entends la plainte des vagues. J'essaie de sauver mes livres préférés. Je récupère un stylo, un cahier, et j'emporte la chatte. Je monte jusqu'au point le plus haut de la ville.

La ville est inondée. Baroque sur baroque. Les vagues sont entrées dans la cathédrale.

La cathédrale se situe rue Empedrado, entre les rues Mercaderes et San Ignacio, sur la place du même nom, la place de la Cathédrale. C'est le monument baroque cubain par excellence. C'est aussi le symbole de la Vieille Havane et de toute la ville.

Sa construction a débuté en 1748 sur la place qui s'appelait alors Plaza de la Ciénaga[1]*. Ce fut d'abord une église de pères jésuites, mais lorsque les jésuites furent expulsés en 1767, l'église était loin d'être terminée. Ce n'est qu'en 1777 que l'on acheva sa construction. L'église devint cathédrale en 1788, avec la création du diocèse de La Havane.*

Son harmonieuse façade rappelle l'ondulation des vagues sur la mer, le tourbillonnement de l'eau, comme si les inondations du passé, lorsque la place de la Cathédrale n'était encore qu'un marécage, étaient restées prisonnières de l'architecture. La Zanja Real[2] *acheminait l'eau jusqu'à cet endroit ; le terrain détrempé était insalubre.*

1. Littéralement : la place du Marécage. [N.d.T.]

2. Nom du premier aqueduc construit à Cuba à la fin du XVIe siècle ; il acheminait l'eau depuis l'actuel fleuve Almendares jusqu'à la Plaza de la Ciénaga (actuelle Plaza de la Catedral, place de la Cathédrale) à La Havane. [N.d.T.]

Les gens essaient de nager ; ils ne se noient pas ; d'une maison à l'autre, ils s'envoient des lettres dans des bouteilles. Les femmes se lavent les cheveux à l'eau de pluie. Les hommes pêchent des langoustes, ils naviguent sur des chaloupes et des canoës.

Une Indienne moud du maïs avec ses gencives, sa fille lui offre une fleur papillon[1]. À bord de tapis qui servent de radeaux, on prépare le café. Des gens s'amusent à construire je ne sais quoi. C'est le tableau de toute une ville sur le qui-vive. J'essaie d'écrire sur une ville inondée, une ville qui n'a cessé de s'étendre dans les Caraïbes, dans les Antilles.

Soudain, les vagues commencent à se retirer, bien qu'il tombe encore une pluie torrentielle. Je trébuche sur les tuiles tombées des toits, je me heurte aux poutres en travers de la rue ; elles coupent la circulation. J'ai enfin pu laisser ma chatte Sibila chez ma mère.

Au bout de la rue Empedrado, à l'angle de la rue Mercaderes, l'homme au parapluie noir m'attend. Je me dirige vers lui, vers son image encore floue, bien qu'il soit habillé tout en bleu

1. *Mariposa* (littéralement : papillon) : fleur nationale à Cuba. [N.d.T.]

clair. Il a toujours ce fameux parapluie. Il me demande de monter dans sa chambre. J'obéis. Il pleut beaucoup, et son regard m'inspire confiance.

Il vit à la Maison des intellectuels, au numéro 2 de la rue Mercaderes, précisément dans la chambre où José Martí et Juan Gualberto Gómez se sont réunis pour préparer la guerre de 1895[1].

À côté de son lit étroit, il y a une table basse, tout en long, recouverte de livres ; dessus, un cendrier rempli de mégots et une lampe Art nouveau. L'homme accroche son parapluie derrière la porte ; c'est une porte basse, il est obligé de baisser la tête pour entrer. Je suis déjà à l'intérieur : il m'a ouvert pour que j'entre la première. Du couloir, je pouvais déjà apercevoir une partie de la chambre. C'est un espace réduit, extrêmement exigu.

Au centre, une table ronde en marbre beige et deux chaises. Assis sur l'une d'elles, il m'invite à prendre place sur l'autre. Il allume une cigarette et, sans se soucier de mon âge, il m'en offre une. Je l'accepte. Ce n'est pas la première fois que je fume en cachette de ma mère.

1. La guerre d'indépendance de Cuba. [N.d.T.]

La chambre se remplit de fumée, et une musique s'élève : *Les Quatre Saisons* de Vivaldi. C'est alors que je découvre son magnétophone : il a mis une cassette. Ce sont déjà les années soixante-dix, mais posséder un magnétophone reste encore quelque chose d'insolite. Dehors, il pleut des cordes. Il me sourit, se lève et me prend dans ses bras. Je ne bouge pas, j'ai peur, mais je reste. J'ignore encore que c'est lui, l'homme destiné à me briser tout entière, à me mettre en miettes, à faire de moi une femme fuyante, encore plus timide que lorsque j'étais adolescente.

Il me déshabille, nous nous embrassons, nous nous allongeons sur le lit étroit, et nous faisons l'amour, d'abord doucement, puis comme des bêtes.

La nuit pénètre par la lucarne. Il ne pleut plus. L'homme me propose d'aller dîner, son réfrigérateur est vide, et il a ses entrées dans les lieux où les autres n'ont pas le droit d'aller, par exemple à La Bodeguita del Medio.

Dans les rues, le sol est encore brillant d'humidité ; on dirait la peau lustrée d'un crocodile.

À La Bodeguita del Medio, le serveur, qui se prénomme Elio, lui demande si je suis l'une de ses nièces ; tout le monde sait bien qu'il est célibataire et qu'il n'a pas d'enfants. Il me présente comme sa fiancée. Pourtant, je n'ai pas l'âge d'être la fiancée d'un homme de trente-cinq ans, même si l'on commence tout très tôt à La Havane ; pour ma part, il y a déjà un bon bout de temps que j'ai commencé à frotter mon corps contre celui de fiancés et autres amoureux…

La Bodeguita del Medio n'est pas encore le restaurant touristique qu'elle est devenue par la suite. C'est un lieu délaissé, à l'abandon, et plus personne ne se souvient de ses jours glorieux, dans les années cinquante, quand il y avait Hemingway (où Hemingway n'est-il pas allé ?), l'acteur Errol Flynn, et tant d'autres personnalités de l'époque.

Martínez, l'ancien propriétaire, nous salue silencieusement. Je le connais bien, Martínez, avec ses cheveux tout blancs, car c'est le grand-père d'une de mes camarades de classe à l'école Forjadores del Futuro (où se trouvait auparavant l'ambassade des États-Unis). Et puis, c'est un ami de ma mère, qui a souvent travaillé comme serveuse dans différents restaurants de La Havane. Quand je dis ami, je veux dire seulement ami. Martínez est très malade à présent : parfois, une tache de sang apparaît sur son pantalon, et il doit filer chez lui (il habite à côté) pour se changer ; il revient peu après et se remet à parler de l'époque où La Havane était encore La Havane, et où La Bodeguita del Medio était encore à lui ; aujourd'hui, elle appartient à l'État. Mais Martínez y va tous les soirs pour dîner, et pour s'assurer que tout va bien, comme s'il en était encore le propriétaire.

L'homme au parapluie noir me sourit et me dit :

— Tu as vu ? On t'a prise pour une de mes nièces. Ça, c'est parce que tu es trop jeune pour coucher avec les fantômes havanais…

C'est ainsi qu'il s'était défini : un fantôme havanais ; et moi je l'avais cru, car, dès le jour où il m'avait suivie, rue Empedrado, puis rue Villegas, j'avais commencé de l'aimer, comme jamais je n'avais aimé.

XV

Je marchais rue Tacón en direction de la place d'Armes pour me rendre au musée des Capitaines Généraux, où j'effectuais mon service social : je travaillais au musée plusieurs heures par semaine. Je restais parfois là, la nuit, jusqu'à pas d'heure, parfois même jusqu'au petit matin ; comme envoûtée, je me laissais porter par le temps et ses va-et-vient : j'étais entourée de statues, de meubles, de tableaux anciens, de calèches, de spectres de cochers noirs ou mulâtres, et de toutes sortes de fantômes.

Vraisemblablement, mais ce n'est pas certain, le palais des Capitaines Généraux fut construit par Antonio Fernández de Trevejos et Pedro de Medina. Son architecture horizontale l'aplatit quelque peu. Ses demi-colonnes se gorgent jour après jour de soleil, ce qui a pour effet de ronger la pierre. Le vestibule conduit à une large cour, dominée par deux étages de galeries.

Je suis montée par l'escalier de gauche ; *il a été fait dans le marbre blanc le plus pur. Il conduit à l'entresol, puis à la galerie supérieure.*

Le palais des Capitaines Généraux fut construit entre 1776 et 1791. À l'époque, la prison se trouvait au fond du palais ; plus tard, en 1825, on déplaça la prison, et l'espace qu'elle avait occupé jusqu'alors fut intégré au reste de l'édifice.

Au centre de la cour, la statue de Christophe Colomb – blanche, rigide, peu expressive – nous accueille.

Je m'arrête devant chaque objet. Dans la galerie supérieure, je parcours un couloir où se trouvent des tableaux de personnages illustres, et j'accroche un foulard de soie à un angle du portrait de Carlos Manuel de Céspedes : sa petite-fille, Alba de Céspedes, qui vit à Paris, m'a chargée de le faire, pour remplacer le foulard qui s'était effacé du cou de son grand-père, sur la peinture. Mission accomplie.

Nous sommes au début des années quatre-vingt. L'historien de la ville, Eusebio Leal, avait voulu faire de la place d'Armes un espace consacré à la musique, et de la place de la Cathédrale un espace consacré à l'artisanat ; mais cela s'était soldé par une rafle policière, connue sous le nom d'« opération *Pitirre en el alambre*[1] ». Cette rafle mettrait fin aux samedis de la place, où l'on trouvait des objets faits à la main, des vêtements et des chaussures, bref, rien que des produits artisanaux que l'État ne pouvait pas vendre dans ses boutiques.

On accourait des quatre coins de l'île, et l'historien de la ville profitait de cette affluence considérable pour donner des conférences itinérantes sur l'histoire de La Havane, en parcourant chaque monument. Et les gens le suivaient, comme le joueur de flûte de Hamelin, captivés par son verbe, parfois chaotique, mais toujours envoûtant. Cet événement devenait de plus en plus célèbre ; acteurs, actrices et prix Nobel commençaient à venir du monde entier pour s'extasier devant ce miracle : les samedis de la place. Mais un beau jour, les policiers du DSE (Département de la sécurité d'État) ont débarqué, habillés en civils, et ont emprisonné un grand nombre d'artisans qui, selon les Castro, étaient là pour s'enrichir… Pour

1. Phrase employée par les Cubains (initialement par les paysans) pour alerter de la présence d'un mouchard ou d'un espion ; littéralement : « Il y a un tyran gris [oiseau] sur la clôture. » [N.d.T.]

s'enrichir plus qu'eux, c'est sûrement ce qu'ils voulaient dire. Mais c'était faux.

Peu après, la place est redevenue déserte, et l'État a gardé sa boutique d'artisanat, dans une ruelle appelée Callejón del Chorro[1], où il vendait des produits de très mauvaise qualité ; le parvis s'est éteint à nouveau, dans l'attente d'une nouvelle ère.

À mon avis, l'énorme popularité qu'avait acquise Eusebio Leal avait rendu Fidel Castro jaloux, et il avait essayé par tous les moyens d'en finir avec le phénomène de la place de la Cathédrale. Leal ne l'a jamais reconnu publiquement, mais je l'ai entendu en parler en secret, à plusieurs reprises, avec Alfredo Guevara, qui était à l'époque président de l'ICAIC[2] et ambassadeur de la délégation cubaine auprès de l'UNESCO.

Ce qui est certain, c'est que je n'avais jamais vu les gens aussi heureux de déambuler dans la Vieille Havane ; je n'avais jamais vu une telle euphorie, sans doute parce qu'on se réjouissait à l'idée de voir venir une prospérité économique

1. Ruelle du jet d'eau. [N.d.T.]

2. Instituto Cubano del Arte e Industria Cinematográficos : Institut cubain de l'art et de l'industrie cinématographiques. [N.d.T.]

inespérée, et du reste, largement idéalisée. Une fois de plus, nous pensions que tout allait changer, et qu'enfin, le communisme castriste allait produire quelques résultats. Mais communisme et castrisme ne sont que jalousie et échec, et le mélange des deux est la pire des plaies. Cette plaie-là a balayé la seule chose qui donnait de l'espoir aux gens dans les rues, et qui offrait une nouvelle façon d'être à la jeunesse cubaine.

Se bercer d'illusions, et puis mourir déçu, comme dit le proverbe. C'est ce qui m'est arrivé, à moi aussi. Je dois dire que ce furent des jours étrangement heureux.

L'homme au parapluie noir me tenait fièrement la main, il m'exhibait comme un trophée. J'étais la petite jeune fille qui l'avait charmé et conquis. Je lisais, j'étais plus cultivée que les autres, ses femmes d'avant. Et puis j'écrivais, et j'étais une vraie Havanaise : j'étais née au cœur de La Havane, c'est là que j'avais grandi. La plupart des choses qu'il voulait m'apprendre sur la ville, je les savais déjà, je les avais vécues dans ma chair. La plante grimpante, à l'angle du restaurant El Patio, c'est moi qui l'avais semée, petite. La ville portait mes empreintes, comme moi les siennes.

C'est peut-être aussi la raison pour laquelle l'historien de la ville avait voulu que je travaille avec lui, que je fasse mon service social au musée de la Ville, dans le palais des Capitaines Généraux : il avait aimé l'émotion avec laquelle je me remémorais ma vie de petite fille et d'adolescente havanaise. Il faut dire aussi que l'homme au parapluie noir lui avait parlé de moi en des termes élogieux.

À partir de mes dix-neuf ans, j'ai donc eu l'immense chance de travailler au musée. Je n'étais pas payée, mais je baignais dans un monde différent, chargé d'histoire, et c'était ce dont j'avais besoin pour progresser intellectuellement. Pour commencer, j'avais à ma disposition une machine à écrire, une lampe de travail et un bureau – celui de l'historien. J'avais aussi accès à plusieurs petits balcons donnant soit sur la rue, soit sur l'entrée, soit encore sur l'intérieur du palais. À deux heures de l'après-midi, je commençais ma journée de travail par la retranscription des *Carnets* de Carlos Manuel de Céspedes, et je restais parfois jusqu'à deux heures du matin. On jouissait en ces lieux d'une forme de liberté tout à fait singulière, et les gens ne s'exprimaient pas comme ailleurs.

L'homme au parapluie noir m'attendait dans la petite chambre, au numéro 2 de la rue Mercaderes, et je lui racontais mes nouvelles rencontres avec les fantômes du musée, des rencontres qu'il ne mettait pas en doute : pourquoi m'aurait-il privée de fréquenter d'autres fantômes, puisqu'il en était un lui-même, comme il le disait ?

Une nuit que j'étais absorbée par mon travail, j'ai entendu une mélodie lointaine. Je me suis mise à traverser tout le musée pour remonter jusqu'à la source de cette musique, quand soudain, au fond d'une salle, en bas, celle où se trouvent les calèches, j'ai distingué une silhouette : c'était un jeune homme avec un violon, et c'était lui qui jouait.

Un jeune homme noir, pieds nus ; quand il m'a dit, souriant, qu'il s'appelait Brindis de Salas, j'ai explosé de rire : il était impossible que Brindis de Salas, tout droit sorti d'une autre époque, se trouve là, en train de jouer pour moi une sorte de sérénade nocturne.

— Tout n'est qu'apparence, a murmuré le jeune Claudio José Domingo Brindis de Salas Garrido – ce contemporain de José Martí, né comme lui en 1853, et mort à Buenos Aires en 1911.

— C'est impossible, ai-je répondu, effrayée, on est en plein dans les années quatre-vingt…

— Bien sûr que si, c'est possible : je suis là. Pas vrai ?

Le jeune homme avait appris la musique avec son père, et il avait triomphé sur les scènes du monde entier. Il vécut au Mexique, ainsi qu'à Paris (où il obtint plusieurs prix importants). Il fit une tournée européenne et se produisit à la Scala de Milan. La critique parlait de « son extraordinaire emprise sur le public, [de] l'enthousiasme de son interprétation, [de] ce tempérament fougueux, si caractéristique de son jeu, [de] son goût raffiné, [de] ce son pur et [de] cette virtuosité », autant de qualités qu'il possédait depuis son plus jeune âge. En 1875, il rentra en Amérique et vécut à Haïti, où on le nomma directeur du Conservatoire. En 1877, il joua au théâtre Payret, à La Havane ; en 1878, il joua à Santiago de Cuba, puis revint à La Havane et repartit peu de temps après pour Veracruz, où il donna une série de récitals et de concerts. Dans la capitale mexicaine, au théâtre Arbeu, il donna un concert au cours duquel il interpréta Mendelssohn. Plus tard, il voyagea en Russie et en Allemagne. De retour à La Havane en 1886, il se produisit au Gran Teatro. Il se rendit en Espagne et fit le tour du monde en compagnie de son violon. Il finit ses jours en Argentine, dans la pauvreté la plus totale.

— Je ne sais pas très bien comment vous le dire, mais c'est tout simplement impossible que vous soyez ici, maintenant…, ai-je murmuré.

— Mais si, je suis revenu jouer à La Havane, à cet endroit précis ; j'y ai si souvent joué pour le capitaine général et pour ses invités, lors de magnifiques galas…

— Ce n'est pas logique. Vous n'êtes pas réel.

— Et alors ? Réel ou imaginaire, quelle différence ? Peut-être que vous me voyez, ou bien peut-être que vous m'imaginez, mais je suis là, c'est tout ce qui compte.

Il a remis son Stradivarius sur son épaule et il a commencé à jouer *La Simpatizadora*, le morceau qu'il avait composé en 1863. Il portait un frac impeccable, mais il était pieds nus. Je me rappelle ses yeux couleur café, et sa peau aussi noire que ses cheveux de jais.

Bercée par sa mélodie, j'étais en proie à la rêverie, quand soudain il m'a tourné le dos pour se diriger vers le fond de la salle des calèches, là où se trouve la porte qui donne sur la rue O'Reilly, et il a disparu.

J'ai couru derrière lui, mais sa silhouette s'est évanouie au premier coin de rue, dans le « brouillard des jours passés », comme dit le boléro[1].

---

1. Allusion à la chanson *Vete de mí* (paroles : Homero Expósito) : *la neblina del ayer* ». [N.d.T.]

L'homme au parapluie noir m'attendait dans la chambre ; je lui ai raconté ma rencontre avec Brindis de Salas et il m'a répondu :

— On tourne un film sur sa vie en ce moment, les scènes se passent dans le musée, tu as dû tomber sur l'acteur qui joue Brindis de Salas.

— Non, ce n'était pas un acteur. C'était Brindis de Salas en personne, je peux te l'assurer.

— Encore une de tes divagations, tu vas me rendre fou avec tes visions.

— Tu peux parler, toi… En tout cas, ce n'était pas une vision, il était tout aussi réel que toi en ce moment même.

— Mais je ne suis pas réel, tu le sais bien. Je suis un fantôme havanais.

— Tu es un fou *hablanero*.

Et nous nous sommes enlacés. L'aube était plus froide que jamais et le brouillard s'est introduit par la lucarne, envahissant la chambre.

XVI

Je prenais la *guagua* – le bus – en direction de Guanabacoa. Je crois me souvenir que nous devions gravir et dévaler des collines ; nous traversions un quartier dans des tons bleus et blancs, me semble-t-il : d'un bleu caribéen intense, et impeccablement blanchi à la chaux. Un quartier qui avait été très beau autrefois ; mais à présent, la crasse dégoulinait sur les murs recouverts d'une moisissure vert acier.

La ville de Guanabacoa est connue pour être peuplée de *guapos*[1] et de *santeros*, des gens du milieu, du « mauvais milieu », comme on dit. Ce qui n'a pas toujours été le cas. Dans l'une de ses œuvres, Mialhe[2] a appelé cet endroit « Guanabacoa

1. Bagarreurs, ferrailleurs ; le terme désigne des hommes enclins aux disputes et à la bagarre. [N.d.T.]

2. Pierre Toussaint Frédéric Mialhe (1810-1881), peintre d'origine française. [N.d.T.]

la belle ». Quant à moi, je l'appelle Guanabacoa la courageuse.

Située entre le fleuve Cojímar et le fleuve Guanabo, elle est délimitée au sud par San José de las Lajas, Santa María del Rosario et San Antonio de las Vegas ; à l'est, par les municipalités de Santa Cruz del Norte et Jaruco ; et à l'ouest, par La Havane et par la ville de Regla. Guanabacoa fait partie du territoire appelé Alturas La Habana Matanzas. Dans les terres, à l'extrémité de la ville, s'élèvent les hauteurs calcaires du nord de La Havane : les monts de Bacuranao, Cojímar et Sabanimar, où l'on trouve de belles cavernes, parmi lesquelles la fameuse grotte de la Vierge ; il y a là plusieurs lieux souterrains où vivent des crevettes aveugles.

Aux alentours de Guanabacoa s'élèvent aussi des reliefs arrondis et sinueux, avec leur végétation typique que l'on appelle cuabal[1]. *C'est là que naissent de nombreuses sources d'eau minérale carbonatée, aux excellentes vertus curatives (elles possèdent de grandes propriétés médicinales et digestives). On leur doit le nom*

1. Sorte de broussaille ou de fourré, composée pour l'essentiel de plantes épineuses adaptées au milieu sec et aride. [N.d.T.]

de Guanabacoa, l'un des plus vieux villages de l'île ; il a conservé son nom aborigène, qui signifie le lieu des eaux. Les deux fleuves les plus grands de l'île traversent Guanabacoa : le Cojímar et le Guanabo ; et il y a aussi d'autres cours d'eau, moins importants, comme le Tarará (ou Itabo), le Martín Pérez, le Río Hondo et le Justiz.

Le réseau hydrographique de Guanabacoa se compose aussi de plusieurs lagunes, très étendues : Laguna de Berroa, Laguna Larga et, la plus grande de toutes, Laguna del Cobre.

Guanabacoa doit une grande partie de son développement à ses belles plages qui, dit-on, comptent parmi les meilleures de Cuba. Il y a plusieurs endroits célèbres : la belle église de l'Assomption, où sont célébrées les fêtes religieuses, la cour intérieure du collège des Piaristes (Colegio de los Escolapios), où ont été éduquées plusieurs générations de Cubains, le vieux Bodegón de Roberto[1]*, dont pas même l'ombre ne subsiste aujourd'hui, et le vieux bar Pepe Antonio.*

Il y a de somptueuses cours intérieures, comme celle du couvent de Saint-Dominique, construit en 1730.

---

1. La Taverne de Roberto. [N.d.T.]

Le maître-autel de l'église de Guanabacoa, avec son baroquisme, fait penser aux retables et aux autels mexicains. Il faut aussi évoquer le cimetière juif de Guanabacoa.

Les premiers habitants se sont installés au nord-est de la baie de La Havane parce qu'il y faisait plus frais qu'ailleurs et que l'endroit était salubre.

La Havane est fondée sur le caciquat voisin de celui d'Habaguanex. Les colons espagnols étaient de plus en plus nombreux et finirent par dominer la région. Les Tainos commencèrent alors à se concentrer sur les collines de Guanabacoa, dont il est question dans les écrits historiques dès 1525.

Dans les années soixante-dix, j'allais souvent à Guanabacoa, toujours en compagnie d'adultes, ma mère ou ma grand-mère. Ma grand-mère, qui pratiquait la *santería*, rendait souvent visite à son ami Nereido, un albinos que nous trouvions toujours attablé, dévorant goulûment une assiette de *congrí*[1]. Peut-être était-ce tout simplement parce que nous arrivions toujours à l'heure du déjeuner, et que le hasard voulait à chaque fois qu'il ait cuisiné du *congrí*. Il parlait la bouche pleine et

1. À Cuba et en République dominicaine, plat à base de riz et de haricots. [N.d.T.]

nous racontait tout un tas d'anecdotes sur l'histoire de sa ville.

— Mon quartier est né du sang et de la sueur. Le sang et la sueur des Indiens, d'abord, puis ceux des courageux qui sont allés se battre contre les pirates et les corsaires français. C'est la ville de Pepe Antonio, José Antonio Gómez de son vrai nom : il a donné sa vie en défendant la ville contre les Anglais. Il y a ici une tradition de culture et d'héroïsme. José Martí a prononcé un discours dans le collège des Piaristes ; sa tribune n'a pas bougé. À Guanabacoa, on célèbre la tradition dans la joie, et c'est de chez nous que viennent les *papas rellenas*[1] et l'eau La Cotorra[2]. Nous avons aussi le bal du Liceo, et puis La Tutelar, des bals célèbres et historiques. C'est un mélange merveilleux, c'est l'incroyable métissage de toutes les choses humaines qui, petit à petit, se sont additionnées : le monde espagnol, le monde noir et le monde indien, réunis dans un même mode de vie. C'est ce qui a fait de Guanabacoa une ville si singulière ; elle est née là où les Tainos avaient

1. Pommes de terre farcies, cuisinées à Cuba selon une recette particulière. [N.d.T.]

2. Marque d'eau minérale ; littéralement : la perruche. [N.d.T.]

découvert le « lieu des bonnes eaux »... Ici, personne ne s'ennuie ; et personne ne reste indifférent quand il s'en va. Les habitants sont des gens forts, d'une grande bonté, ce sont des gens qui aiment la fête. Les femmes sont belles, grandes, elles ont une chevelure épaisse et les yeux en amande ; leurs bouches sont pulpeuses, elles ont des fesses voluptueuses, de petits seins, des jambes et des chevilles bien faites...

Nereido était intarissable sur les merveilles qui l'entouraient, mais il n'oubliait pas non plus les malheurs, la violence qui s'intensifiait dans les années soixante-dix, les persécutions politiques que subissaient les religieux ; il était de ceux-là et savait bien de quoi il parlait. Ma grand-mère était *iyaloche*, et lui, *babalao*[1].

— De toute façon, quoi qu'il arrive et quoi qu'ils fassent, il y a une chose qui ne changera pas : cette ville a vu naître des gens d'une grande valeur, comme Ernesto Lecuona, qui a composé *Siboney*, et Ignacio Villa, plus connu sous le

1. Dans la *santería*, les fidèles sont appelés *santeros* ou *babaloches* pour les hommes, et *santeras* ou *iyaloches* pour les femmes ; *babalao* désigne le dignitaire qui veille sur chaque sanctuaire où les adeptes pratiquent leur culte. [N.d.T.]

surnom de Bola de Nieve[1]. Bola de Nieve est un grand compositeur de musique populaire, et Lecuona, un grand compositeur de musique classique ; et d'ailleurs, non : leur musique, à tous les deux, est populaire et classique à la fois. Les habitants de Guanabacoa ne se laisseront pas faire !

Et c'est ainsi qu'il mettait fin à la conversation, brusquement.

Ensuite, nous allions porter des fleurs blanches à l'église, avec Nereido. Puis nous allions dans les fourrés ; après avoir enlevé nos vêtements, nous nous fouettions la peau avec des plantes, pour chasser de nous toutes les mauvaises choses. Ma grand-mère demandait parfois à Nereido de nous conduire à la lagune ; là, nous donnions un coq en offrande à Eleguá[2]. Je me souviens du sang qui coulait sur mon crâne et se répandait sur mon visage, jusqu'à ma bouche, jusqu'à mon cou.

1. Boule de neige. [N.d.T.]
2. Divinité yoruba. [N.d.T.]

XVII

On peut affirmer que La Havane comptait plus de cinémas que New York ou Paris, avant 1959. J'ai pu voir certains de ces cinémas encore debout, mais à présent nombre d'entre eux sont tombés à l'abandon : ils ne sont plus que ruines ; parfois, leur ombre même a disparu.

Je me souviens du cinéma Verdún, du Majestic et du cinéma Capri, en face du théâtre Campoamor. L'un d'eux avait un toit ouvrant, et l'on pouvait ainsi suivre le film tout en contemplant les étoiles ; c'était le cinéma Verdún, si j'ai bonne mémoire. On aurait dit que les étoiles venaient trouver refuge à l'intérieur de la salle.

La liste des cinémas était longue, et l'on a beaucoup écrit à ce sujet. J'étais une spectatrice assidue du cinéma Cervantes, du Habana, de l'Universal et du Cinecito, où les fauteuils d'orchestre, tout devant, étaient strictement réservés aux enfants.

J'allais aussi très souvent au cinéma Payret, au Rex et au Duplex, au Fausto, et au cinéma América, avec son faux plafond chargé d'ampoules qui ressemblaient à des étoiles. Mais… *le tout premier cinéma de La Havane ouvrit deux ans après l'invention des frères Lumière (1895), dans une salle attenante au théâtre Tacón, que louait l'entrepreneur français Gabriel Veyre. Il y avait là un portrait des frères Lumière. La première projection eut lieu le 24 janvier 1887 avec trois courts-métrages :* La Partida del tren, Los Bañistas *et* Simulacro de incendio[1].

Par la suite, le théâtre Martí – anciennement, théâtre Irioja – commença à projeter des films, bientôt suivi par le théâtre Payret et par le Trianón, entre autres.

Entrer dans un cinéma havanais était toute une aventure. On y allait en général le dimanche, et la programmation n'avait plus rien à voir avec celle qu'avaient connue nos parents, avant 1959. La plupart des films étaient des navets soviétiques ou nord-coréens, même s'il soufflait de temps en temps un peu d'air frais avec une production

1. *Le Départ du train*, *Les Baigneurs* et *Simulacre d'incendie* ; ce dernier court-métrage est le premier film réalisé à Cuba (Gabriel Veyre, 1897). [N.d.T.]

française ou italienne, et avec certains films nord-américains qui avaient été copiés, ou piratés, toujours en noir et blanc. On passait aussi quelques films espagnols ou latino-américains, avec Julio Iglesias, Rocío Dúrcal et Carmen Sevilla. La programmation avait beau être calamiteuse, l'aventure n'en était pas moins insolite.

Quand on entrait dans un cinéma, on ne pouvait jamais savoir ce qui allait se passer : le spectacle était autant à l'écran que dans la salle, où se déroulaient, parallèlement au film, des scènes toutes plus imprévues les unes que les autres.

Le Havanais aime dialoguer avec l'écran ; quand il est au cinéma, il aime parler, commenter le film – si possible à voix haute – en même temps qu'il le voit. Le Havanais adore intervenir sur le scénario d'un film en hurlant des injures contre le méchant, et en essayant d'empêcher le bon de s'engager dans la rue où, forcément, il va se trouver nez à nez avec le méchant.

Et s'il y a bien une chose dont le Havanais raffole tout particulièrement au cinéma, c'est « chauffer » une femme, en l'étreignant dans de fougueuses caresses, et « galocher » sa petite amie, comme on disait à mon époque : on « se roulait des galoches ». Il y a même des couples qui font l'amour sur les fauteuils les plus éloignés de l'écran, au fond de la salle.

Et puis il y a aussi les « peloteurs », ceux qui vont au cinéma dans le seul but de tripoter des femmes, ou des hommes, en glissant une main ou un pied à travers la fente du fauteuil, entre le siège et le dossier. On pouvait entendre des hurlements de douleur lorsqu'une femme se levait d'un bond, furieuse, et que le siège se refermait tout à coup sur les doigts du peloteur, ou quand ce dernier recevait des coups de sac à main, ou encore une raclée, s'il avait essayé de tripoter un homme. Certaines femmes n'hésitaient pas à piquer l'importun avec une épingle de nourrice, ou avec une broche qu'elles enlevaient de leur chemisier.

Mais tout cela appartient à une autre époque, comme ces odeurs monotones de parfums bas de gamme, importés des pays communistes : Moscou Rouge, Fiesta – l'eau de Cologne nationale – ou Bonnabel. Rien à voir avec Vétiver de Guerlain ni avec les parfums de Dior, à l'époque de nos parents.

Sans même parler des deux années où j'ai vécu dans le cinéma Actualidades, comme je l'ai raconté, j'ai passé le plus clair de mon temps dans les cinémas de la capitale. Quand nous séchions les cours, notre première destination était le cinéma ; la seconde, c'était la plage. Le cinéma était moins risqué, alors que la plage pouvait nous trahir : le soleil marquait notre peau, et nous devions ensuite nous justifier auprès des adultes.

C'est au cinéma que j'ai connu mon premier baiser d'amour – avec la langue –, au cinéma d'art et d'essai Rialto, presque à l'angle de la rue Neptuno et du Paseo del Prado. Au Rialto, les fauteuils d'orchestre étaient légèrement surélevés, et l'écran se trouvait en contrebas, ce qui permettait de se cacher plus facilement quand on « se chauffait » au fond de la salle.

On allait au cinéma comme on entrait dans les *maisons closes** ou au bordel. On y allait pour aimer, pour donner ou pour vendre son corps. Tu entrais dans la salle et tu posais la tête sur l'épaule de ton amoureux ; peu après, il mettait une main sur ton sein ; ta main à toi se dirigeait vers sa braguette, l'ouvrait avec soin, bouton après bouton ; d'abord, tu caressais son membre, gonflé et doux à la fois, puis tu le sortais de son pantalon et commençais à le masturber ; enfin, il te tendait un mouchoir, et dans le mouchoir, tu recueillais son sperme pour ne tacher ni le siège ni ses vêtements.

Assise sur un fauteuil, j'observais son profil. Le profil de l'homme au parapluie noir. Je pensais que c'était un amour pour la vie ; c'en était un, à ce moment-là. Je ne pouvais pas imaginer qu'un jour, tout serait fini entre nous. J'étais sa femme et son amante ; le cinéma havanais nous unissait, dans un inextricable sentiment d'éternité.

Il se tournait vers moi, baissait les paupières et me caressait du regard, avec ses pupilles sombres ; il disait dans le creux de mon oreille :

— Pourquoi me regardes-tu ?

— J'ai peur que tu t'en ailles, j'ai peur de ne pas te revoir.

— Non, je suis là, pour toujours, je suis ton amant, je suis comme un père. Je serai toujours là pour te protéger, je t'aimerai jusqu'à la fin de mes jours.

Quand, dans un cinéma de La Havane, quelqu'un jure aussi facilement de vous aimer jusqu'à la fin de ses jours, vous pouvez être sûre que, tôt ou tard, tout ça finira mal. Et ça n'a pas raté. Nous nous sommes quittés – et mal –, bien loin des cinémas havanais, à quelques pas d'un cinéma parisien.

Nous nous sommes dit adieu – ou plutôt, c'est moi qui lui ai dit adieu – un soir que nous dînions dans un restaurant très chic des Champs-Élysées.

C'était à la fin des années quatre-vingt, et nous étions à quelques pas seulement d'un de ces vieux cinémas pornos que l'on trouvait encore dans le quartier, aux environs de l'une des avenues les plus élégantes du monde.

— Je t'en prie, dis-moi que ce n'est pas vrai, dis-moi que ce n'est pas fini entre nous. Nous nous sommes aimés dans des situations bien plus difficiles, nous nous sommes tellement aimés. Nous nous sommes aimés à La Havane, La Havane nous unit, a-t-il murmuré – il avait peur que les clients de la table à côté entendent sa déclaration.

— La Havane nous unit, mais Paris nous sépare, ai-je répondu, les yeux emplis de larmes.

— Ne me quitte pas…, a-t-il demandé, soumis.

Mais ce n'est pas moi qui le quittais ; c'est lui qui m'avait trompée avec une Vénézuélienne, et il refusait de l'admettre, de peur d'avoir à le regretter. C'en était assez ; sa trahison et son inconscience, son irresponsabilité, étaient la preuve qu'il n'y avait plus d'amour.

— Je veux rentrer à La Havane. Paris est une très belle ville, je m'y sens bien ; mais ici, je ne peux pas vivre en étant ce que je suis vraiment, je ne peux pas vivre en Havanaise. Je veux faire bouger les choses de l'intérieur, je veux agir là-bas, chez moi, en tant que Cubaine. Je dois mettre en pratique là-bas toutes les choses que j'ai apprises ici. Prendre des risques, et conquérir la liberté que je mérite.

— C'est impossible, et tu le sais très bien – le ton de sa voix était menaçant.

— Je le sais, mais j'ai besoin de rentrer et d'essayer.

Les mains jointes, il me suppliait de ne pas m'en aller ; il disait qu'à Paris, nous pouvions nous aimer bien mieux qu'à La Havane, qu'ici nous pouvions tout avoir…

— Non, justement. Il y a peut-être tout, ici, mais rien n'est à notre portée. Ici, tout nous est interdit, à cause du contexte, exactement comme si nous étions à Cuba. Et je suis fatiguée d'être la gentille petite fille, la petite femme de diplomate, obligée de se soumettre aux contrôles de l'ambassade, obligée d'obéir à son mari, et obligée de fermer les yeux sur toutes les tromperies et sur tous les mensonges. Ça suffit. Un jour je reviendrai à Paris, différemment, pour vivre comme un être humain le mérite. Mais avant, je dois mériter La Havane, et je dois conquérir ma liberté là-bas…

— Si on allait au cinéma après dîner ? a-t-il demandé – comme si notre conversation n'avait jamais eu lieu.

— Si tu veux, mais ça ne changera rien – j'ai porté mon verre de vin à mes lèvres.

Nous sommes entrés dans un cinéma porno, il m'a masturbée, et je l'ai masturbé. Il m'a traitée comme une putain du quartier Colón, et moi, je l'ai traité comme un gigolo de l'avenue Foch. Il m'a jetée dans les bras d'un autre homme, sans s'en apercevoir, à l'instant même où il me rappelait, en chuchotant à mon oreille, comment nous avions fait l'amour quelques années plus tôt, dans un cinéma de La Havane. Il m'a ouvert les portes de l'adultère : j'entrevoyais soudain la possibilité de partir avec un autre, de ficher le camp pour toujours vers les vieux cinémas délabrés de mon enfance.

XVIII

Je suis bien loin de ma Havane, la ville de mes amours. Dans mon souvenir, avec l'éloignement, La Havane est tout amour, *mon amour**. Depuis Paris, je le sais bien, on pourrait croire que tout ceci n'est que l'idéalisation d'une ville rêvée, d'une « cité perdue », pour citer à nouveau Cabrera Infante. Mais je n'ai perdu aucune ville, moi ; je suis née quand la ville commençait à se perdre. Je n'ai pas connu La Havane splendide, resplendissante. Je ne peux parler que de la ville de mes amours, je ne peux parler que de ce qu'on idéalise par amour, et je peux dire comment c'était, ce que nous avions, comment nous avons vécu ; mal, le plus souvent.

Le Malecón est l'un des endroits de La Havane où j'ai le plus aimé – ah, comme j'ai aimé ! Mes rencontres furtives et mon corps nu sont restés gravés sur l'ancienne Cortina de Valdés[1]. *Le Malecón est une large avenue à six voies, longée par un épais mur de pierre qui s'étend sur huit kilomètres, tout au long de la côte nord de la capitale. Sa construction commença en 1901, mais plusieurs quais, tout comme la Cortina de Valdés, existaient déjà à l'emplacement du Malecón. Le dernier tronçon fut achevé en 1952, sous le régime de Fulgencio Batista. D'importantes avenues de la capitale débouchent sur le Malecón et plusieurs monuments célèbres s'élèvent face à lui ; la promenade qui longe ce bras de mer rappelle, dans une certaine mesure, celle de Cadix.*

— Si on allait au Malecón ? m'a proposé l'ancien prisonnier politique, âgé de cinquante et un ans.

— Où ça, à La Punta ? ai-je demandé, croyant deviner ce qu'il voulait.

— Oui, à La Punta, si tu veux, mais tu sais que…

— Oui, oui, je sais : à La Punta vont les putains ! – c'était un jeu de mots à la Cabrera Infante.

---

1. Nom d'une ancienne promenade sur le front de mer. [N.d.T.]

— Pas du tout, non ; en revanche, les couples qui n'ont pas de maison, eux oui, ils vont là-bas pour faire ce que tu imagines…

— Baiser peinards, c'est ça. J'ai dix-sept ans, mais je ne suis pas idiote. Je connais le quartier, et j'ai des copines qui sont déjà allées là-bas, faire ce que tu dis qu'on fait ; et puis, moi aussi, j'y suis allée, avec un ancien fiancé…

— Tu avais quel âge ?

— Quinze ans.

— À peine – je n'ai pas compris pourquoi ses yeux se sont tellement écarquillés quand il a prononcé ces mots.

— Enfin, maintenant, j'ai juste deux ans de plus, et vous êtes en train de me proposer la même chose.

— Non, pas la même chose. Je te propose d'aller bavarder, de nous asseoir sur le mur du Malecón et de regarder la mer…

— Vous croyez sincèrement que je vais avaler ça ? Personne ne va là-bas pour bavarder. Et puis je me demande bien de quoi on pourrait parler : une fille de dix-sept ans, avec un vieux de cinquante ans bien sonnés…

— Je n'ai pas cinquante ans « bien sonnés » : j'en ai cinquante et un. Et pour ce qui est de parler, j'ai un tas de choses à t'apprendre…

— Quoi donc ? À part deux ou trois trucs sexuels, je ne vois pas… Regarder la mer ? En pleine nuit ?

— C'est très beau la mer, la nuit.

— On ne voit rien dans le noir.

— On écoute… coute… coute… – il avait prononcé cela comme un écho ; en tendant un peu l'oreille, je pouvais presque entendre la mer au loin.

— Je sais ce que vous voulez de moi, et ça ne me dérange pas, parce que je veux la même chose.

— Je t'ai déjà dit de me tutoyer. Alors comme ça, tu veux vraiment la même chose que moi ?

— Je veux qu'on tombe amoureux.

— Je suis marié, je ne te l'ai jamais caché. J'ai passé treize années en prison et je n'ai jamais cessé d'aimer ma femme.

— Personne ne t'a demandé ça, je ne m'attends pas à ce que tu m'épouses ! Je voudrais juste passer du bon temps avec toi.

— Tu es très éveillée pour ton âge. On va en passer du bon temps, crois-moi.

Nous allions nous asseoir sur le Malecón, et nous parlions de livres, de ses lectures en prison, de sa vision du monde, de l'idée qu'il se faisait de la liberté. Nous ne nous sommes jamais touchés ;

nous avons échangé, en revanche, quelques baisers.

Il faudrait attendre quelques années encore avant que je me déshabille sur le Malecón, assoiffée moi aussi de liberté, lors d'une nuit des Willis[1] : c'est le nom qu'on donnait à un rassemblement de jeunes qui avait lieu tous les soirs au niveau de la fontaine de la Jeunesse, à côté de l'hôtel Riviera. Nous y allions pour le rhum, pour les drogues, en quête d'émotions fortes. Nous donnions des spectacles provocants dans le but de réveiller les consciences. C'est à cette occasion que je me suis déshabillée ; et j'ai dansé, nue, sur le mur du Malecón, écorchant la peau de mes pieds, avec fureur, contre la pierre rugueuse.

Longtemps après, je suis revenue à cet endroit, avec l'homme le plus beau du monde. Avec l'homme qui était destiné à me sauver. Près du mur, ses bras m'ont entourée ; j'avais déjà vingt-huit ans, et je refusais de me marier avec lui.

— Mais non, mais non…

— Mais si, mais si, répondait-il – euphorique, amoureux comme au premier jour. Ce n'était pas

1. *Noche de las Willis* ; les « willis » sont des créatures issues de la mythologie slave. [N.d.T.]

la première fois, ni pour lui ni pour moi. Nous étions tous deux divorcés.

Si je disais oui, ce serait son troisième mariage, et le deuxième pour moi. Je me sentais déjà comme une louve fatiguée. Je passais mon temps à travailler, et à arpenter La Havane ; j'errais d'un bout à l'autre du mur du Malecón ; j'étais ma seule boussole. Et mon unique désir était de pouvoir enfin reconnaître ma ville.

Nous nous sommes à nouveau embrassés, près du mur ; il s'est assis, je me suis installée entre ses jambes. Un camion est passé, et le chauffeur a crié pour plaisanter :

— Lâche-là, elle est pas à toi !

— Oh si, elle est à moi ! – il riait aux éclats. J'ai beaucoup ri aussi, cette nuit-là. Cet homme me faisait rire. C'était un homme qui ne connaissait ni la liberté ni ce que ce mot veut dire ; il n'avait jamais été détenu dans une vraie prison, mais nous étions tous deux prisonniers de cette île.

Le mur du Malecón était un symbole – il l'est toujours –, une sorte de mur des Lamentations, un mur qui nous coupait du monde démocratique. Il venait s'ajouter à la liste de tous ceux qui existaient déjà, un peu partout dans le monde. Le mur de Berlin n'était pas encore tombé ; il tomberait l'année suivante.

Je me suis mariée avec cet homme, mais je savais que cela finirait mal ; j'en avais l'intuition. Nous nous sommes aimés, jamais bien loin du mur, puisque nous vivions en face du Malecón. Quand nous faisions l'amour, nos gémissements se mêlaient aux mugissements de la mer en hiver. Le bonheur fut de courte durée : quatre années seulement. Nous nous sommes aimés comme peu de gens se sont aimés, puis le destin a défait notre union : il a trouvé la mort dans un accident d'avion.

Pendant des années, je suis allée toute seule jusqu'au mur du Malecón, pour regarder les vagues. Et je repensais à tous les fiancés, à tous les amoureux, avec lesquels j'étais venue à cet endroit. Mais je pensais par-dessus tout à José Antonio ; il portait le même nom que le héros de Guanabacoa et, comme lui, on le surnommait affectueusement Pepe Antonio[1].

En été, à la tombée du jour, bon nombre de Havanais viennent prendre le frais, près du mur du Malecón. Le jour où Cuba sera libre, il faudrait que quelqu'un trouve une manière de mettre en bouteille la brise qui s'élève en ces lieux, le soir ;

1. José Antonio Gómez, voir chapitre XVI. En espagnol, Pepe est le diminutif de José. [N.d.T.]

je peux prédire à cette personne qu'elle deviendra riche, et même millionnaire. Il y a là un parfum, et une volupté, qui se diffusent aux quatre coins de l'île : c'est la meilleure des drogues, la dépendance la plus exquise que l'on puisse connaître.

Le 5 août 1994, une foule enflammée a déferlé sur le Malecón : environ cinq mille personnes qui réclamaient la liberté. L'île n'a pas connu beaucoup de manifestations d'une telle ampleur. La foule a été dispersée par des policiers et des brigades d'intervention rapide. J'y étais. Je suis descendue voir ce qui se passait et je me suis retrouvée au cœur des événements. L'histoire de Cuba n'a plus jamais été la même après le Maleconazo[1], comme je l'ai raconté dans *Ira de ángeles*[2].

---

1. Le nom qu'ont pris les événements du 5 août 1994. [N.d.T.]

2. Madrid, Lumen, 1996. Pour la version française : *La Rage des anges*, traduction Liliane Husson, Textuel, Paris, 1999.

XIX

Lorsque nous avons enfin eu droit à une nouvelle maison, après la démolition du Réverbère (la résidence où nous habitions), et après avoir vécu pendant deux ans entre une auberge et un cinéma, ma mère et moi avons déménagé au 505 de la rue Empedrado, entre les rues Villegas et Monserrate, dans la Vieille Havane. C'était un petit appartement d'une pièce, et nous devions partager le même lit. Ma grand-mère avait obtenu, à La Havane centre, un minuscule appartement, situé au rez-de-chaussée, et très humide ; elle est morte six mois après, d'un cancer des reins. À la mort de ma grand-mère, je me suis retrouvée toute seule : quand ma mère ne travaillait pas au restaurant jusqu'au petit matin, elle faisait la tournée des bars avec ses copines et ses copains ; je n'étais plus un bébé, j'avais autour de dix ans.

Oui, ma mère buvait, et plutôt pas mal : elle était alcoolique.

Mais bien avant de devenir alcoolique, ma mère m'emmenait déjà avec elle, alors que j'étais encore toute petite, dans les bars et les buvettes qu'elle fréquentait. Elle allait entre autres au Sloppy Joe's, rue Ánimas, à l'angle de la rue Zulueta. *Ce bar, l'un des plus célèbres de La Havane, avait été ouvert par un immigré galicien, José G. Abeal y Otero, à l'époque de la prohibition aux États-Unis, dans les années vingt et trente. Le Sloppy Joe's était un établissement légendaire où touristes et stars de cinéma venaient chercher refuge : Noël Coward, Frank Sinatra, John Wayne, Spencer Tracy, Errol Flynn, Clark Gable, Ernest Hemingway… C'est l'un des endroits les plus souvent évoqués dans* Notre agent à La Havane *(1958), le roman de Graham Greene – encore un client du Sloppy Joe's –, adapté au cinéma l'année suivante.*

Comme tous les autres commerces havanais, le Sloppy Joe's fut nationalisé après la révolution castriste. Il se délabrait épouvantablement, jusqu'au jour où il ferma une bonne fois pour toutes, en 1965. Ses portes sont restées closes pendant cinquante ans. En 2013, l'historien de la ville, Eusebio Leal, décida de restaurer le bâtiment en ruines et le rez-de-chaussée du bar, qui tombait en poussière. Leal reconnaît que certains objets d'époque lui ont été envoyés depuis l'étranger... Principalement par des exilés, j'imagine.

Dès ma plus tendre enfance, et jusqu'en 1965, je suis allée avec ma mère au fameux Sloppy Joe's. On y servait encore les « sandwichs Sloppy Joe's » – j'ignore par quel miracle, vu la pénurie qui régnait sur l'île –, mais les vrais hamburgers d'autrefois n'étaient plus désormais que de lointains souvenirs... Pendant que ma mère buvait, je grignotais, affamée, un morceau de sandwich à l'œuf (l'œuf avait remplacé la viande), les fesses collées au froid métal d'une barre en alliage doré dont les habitués se servaient comme repose-pieds, sous le comptoir de plus de vingt mètres de long.

À quelques mètres de moi, il y avait un petit garçon ; nous restions là, patiemment, pendant que les adultes se soûlaient. Il était toujours bien habillé : bermuda à large ourlet, chaussettes blanches et souliers noirs vernis. Il avait les cheveux très noirs et me regardait de ses grands yeux, tout en grignotant lui aussi un morceau de sandwich.

— Comment tu t'appelles ? lui ai-je demandé en me rapprochant.

— On m'appelle Charlie..., a-t-il répondu à voix basse.

— C'est comme ça qu'on t'appelle ou c'est ton vrai prénom ? ai-je insisté.

— Mon père ne veut pas que je dise mon vrai nom, alors je dois dire que je m'appelle Charlie.

— Ça me va, Charlie. Moi, c'est Pilar – je mentais à mon tour.

— Comme dans *Les Petits Souliers roses* ?

— Oui, comme Pilar dans *Les Petits Souliers roses*. Tu as quel âge ?

— Six ans, et toi ?

— Cinq, presque six – je mentais à nouveau.

Nous nous sommes souri. Charlie a sorti un jeu de cartes de la poche de son bermuda et l'a étalé par terre ; nous ne distinguions des adultes que leurs grandes chaussures et le pli bien repassé de leurs pantalons de Tergal.

De temps en temps, je regardais en direction des jambes de ma mère, là-bas, à quelques mètres ; je ne voulais pas qu'elle m'oublie au moment de partir, comme elle l'avait déjà fait une fois, sur une plage de Marianao.

Je ne savais pas jouer aux cartes, mais Charlie s'est montré patient et, jour après jour, il m'a appris plusieurs jeux. En général, son père allait au bar à peu près à la même heure que ma mère, à la sortie du travail, une fois qu'ils étaient venus nous chercher à l'école.

Puis, tout à coup, le bar a fermé, et je n'ai plus jamais revu Charlie. Ou plutôt, pas avant l'âge adulte.

Il vit en exil à Washington, et moi à Paris. Parfois, nous nous remémorons par mail les soirées du célèbre Sloppy Joe's, en compagnie de nos parents. Nous nous rappelons certaines phrases que nous avons dites, nos jeux, les dessins que nous avons faits. Et nous parlons aussi de nos silences, pour essayer de les comprendre ; nos silences, lorsque nous attendions, épuisés, que nos parents, enfin rassasiés de boisson, laissent tomber leur mélancolie.

Mais je n'ai jamais dit à Charlie qu'il a été mon premier ami en dehors de l'école, que grâce à ces soirées passées avec lui, je garde un bon souvenir des bars où allait ma mère ; pas de tous, mais au moins du Sloppy Joe's, et du bar Águila, rue Neptuno, où il nous arrivait aussi de nous rencontrer, Charlie et moi.

Je regarde la vieille photo : les stores à rayures recouvrent les arcades du Sloppy Joe's ; des hommes et des femmes, habillés avec élégance, la plupart en blanc ou dans des couleurs claires, avec de superbes chapeaux, sourient à l'appareil photo ; garées tout le long de la rue Zulueta, des voitures anciennes, type vieilles berlines, attendent leurs propriétaires. C'était une Havane bien différente de celle que j'ai connue ! Et La Havane d'aujourd'hui ne ressemble pas plus à ma Havane qu'à cette Havane-là !

XX

J'ai souvent franchi la haute porte, parée de décorations, de la maison dont je vais parler à présent. Je m'y rendais pour chercher des livres dans la bibliothèque Alejo Carpentier ; l'écrivain a recréé cette maison dans son roman *El Siglo de las Luces*[1], et c'est pourquoi la bibliothèque porte son nom. Je me souviens du balcon et de sa balustrade bleue, où je me suis souvent accoudée.

C'est une maison de style fin XVIII*e. Elle fut bâtie vers 1809. Son constructeur et propriétaire était le trafiquant d'esclaves Santiago de la Cuesta y Manzanal, premier comte de la Réunion de Cuba (titre qui lui fut décerné en 1824) et époux de María de la Concepción González*

1. Roman publié en 1962 ; pour la version française : *Le Siècle des Lumières*, traduction René L. F. Durand, Gallimard, Paris, 1977. [N.d.T.]

Larrinaga. Dans les années quatre-vingt, ce lieu fut baptisé maison ou centre culturel Alejo Carpentier, en hommage au prix Cervantès de littérature[1].

Un jour, quand Cuba sera une démocratie, il faudra aussi ouvrir un lieu consacré à la recherche autour de l'œuvre de Guillermo Cabrera Infante, et il faudra faire la même chose pour l'œuvre de Dulce María Loynaz (tous deux lauréats du prix Cervantès). La maison de Dulce María Loynaz est devenue, à sa mort, la maison de l'Académie de la langue espagnole de l'État castriste, une institution que Loynaz a toujours présidée de manière indépendante, contre vents et marées, avant que les partisans de Fidel et de Raúl ne s'en emparent à des fins de propagande : quand cette grande dame de la culture cubaine s'est éteinte, ils ont tiré profit de tout ce qu'ils pouvaient.

La Maison du comte de la Réunion, que l'on appelle plutôt la Maison de la comtesse de la Réunion, est coiffée d'un drôle d'auvent qui la protège du soleil, de la pluie et des chaleurs excessives. Elle possède une cour étroite,

1. Alejo Carpentier a reçu le prix Cervantès de littérature en 1977. [N.d.T.]

dépourvue de galeries, mais surplombée d'un magnifique balcon, lui aussi recouvert d'un auvent. À l'intérieur de l'édifice, les plinthes sont ornées de motifs floraux.

Une fois inscrit à la bibliothèque Alejo Carpentier, on peut emprunter – non sans quelques restrictions – des livres inédits à Cuba. Ce qui m'intéressait, c'était toute la littérature française, et en particulier les livres de Marguerite Duras. Dans cette maison, j'ai donné mon premier récital de poésie, et j'ai rencontré la poétesse Chely Lima et son mari Alberto Serret, écrivain lui aussi.

J'étais souvent invitée à des lectures poétiques, et cela m'a permis, un jour, de nouer amitié avec Luis Rogelio Nogueras, plus connu sous le nom de Wichy le Rouge ; on l'appelait ainsi parce qu'il était roux. On le surnommait aussi Tête de Carotte ; c'était le titre de son premier recueil de poèmes[1].

C'est aussi dans cette maison qu'a été tourné le film inspiré du roman de Carpentier[2]. Et ce soir-là, le fantôme de Sofía, un personnage du

1. *Cabeza de zanahoria*, 1967. [N.d.T.]

2. *El Siglo de las Luces*, réalisation : Humberto Solás, 1992. [N.d.T.]

livre, ne me lâchait pas d'une semelle. Dans le visage de chaque jeune fille que je croisais, je croyais voir les traits de la jeune Sofía, mais d'une Sofía désormais libérée des tourments de l'amour. Dans les vieilles maisons, je suis très sensible à la patine du temps : quand je regarde, quand je touche les choses qui m'entourent, le passé refait surface, palpable et tremblant à la fois.

— J'aimerais bien faire des photos de nu avec toi, a lancé Wichy le Rouge.

— Quand ?

— Mardi prochain. On fera ça chez un ami qui vit tout près de l'UNEAC.

L'UNEAC, Union nationale des écrivains et des artistes de Cuba – modèle soviétique –, avait été installée dans le quartier El Vedado, dans l'ancienne résidence de Julio Lobo et de María Luisa Lobo Montalvo, confisquée par le régime.

— D'accord – je me demande encore pourquoi j'ai accepté cette invitation avec un tel aplomb ; Wichy le Rouge était tout de même l'un des meilleurs amis de l'homme au parapluie noir... Mais peut-être était-ce pour cette raison, justement ; pour prendre une sorte de revanche, pour me venger.

Là-dessus, un jeune homme est entré dans la Maison de la comtesse de la Réunion ; il était bien habillé et portait un drapeau cubain à la main. Soudain, il s'est mis à crier :

— Liberté pour Cuba ! Vive l'embargo des États-Unis ! Liberté pour les Cubains ! On a faim, on a faim, on a faim !

Aussitôt, un silence écrasant s'est installé dans le salon, qui ne bougeait plus qu'au ralenti, comme en *stop motion*. Puis des sortes d'orangs-outans – des policiers en civil, qui étaient postés aux quatre coins de la pièce – se sont rués sur le jeune homme ; ils lui ont ligoté les mains, en le rouant de coups, et ils l'ont emmené.

— C'est incroyable, aucun d'entre nous n'a osé le soutenir, ai-je dit tout bas à Wichy le Rouge.

— Mais je ne sais pas si tu as remarqué : personne ne l'a désapprouvé non plus. Étrange réaction, a-t-il souligné.

Et il avait raison. C'était la première fois qu'on voyait ça : le « peuple enflammé » n'était pas tombé à bras raccourcis sur ce jeune homme, qui ne demandait qu'une seule chose : la liberté pour les Cubains ; la vérité bouillonnait dans sa gorge.

On a beaucoup parlé de la Maison de la comtesse de la Réunion pendant les semaines qui ont suivi, car au-delà de l'événement lui-même, un jeune homme avait osé pénétrer dans ce lieu, il avait osé agir en présence de ministres et autres leaders de la révolution, sans parler de la fine fleur de l'intelligentsia cubaine qui, elle aussi, se trouvait là. Comme si l'esprit rebelle qui avait soufflé sur la ville, en d'autres temps, était enfin revenu prêter main-forte au courage.

XXI

Pendant des années, ils ont essayé de la camoufler derrière des arbres, ils l'ont encerclée à l'intérieur d'une zone militaire, ils interdisaient à qui que ce soit d'aller voir cette sculpture monumentale… *Le Christ de La Havane (ou plus exactement, le Jésus de Nazareth) fut sculpté par Jilma Madera dans du marbre de Carrare. Le président Fulgencio Batista y Zaldívar l'inaugura en 1958. Il mesure vingt mètres de haut, et son socle, trois mètres. Dans ce socle, Jilma Madera aurait enterré, dit-on, plusieurs objets, dont certains ont probablement un lien – j'imagine – avec les cultes afro-cubains. Ce Christ pèse trois cent vingt tonnes et se compose de soixante-sept pièces, toutes originaires d'Italie, puisqu'il a été sculpté à Rome, où le pape Pie XII l'a béni.*

La sculpture se trouve à Casablanca sur la colline de La Cabaña (où était l'ancienne prison);

elle fut installée un 24 décembre 1958… Ce serait le dernier Noël libre que connaîtrait Cuba ; il n'y aurait bientôt plus du tout de nuits de Noël.

Le 8 janvier 1959, Castro a pris La Havane ; à partir de ce moment-là, le seul « Christ » qu'il fallait adorer, c'était lui.

Au milieu des années quatre-vingt-dix, le régime a voulu s'approprier cette sculpture, bien conscient de sa valeur et de son poids symboliques.

Mais, en dépit de sa forme imposante, le Christ de La Havane n'a jamais fait partie des signes emblématiques de la ville, contrairement au Corcovado, qui est mis en avant sur tous les clichés touristiques de Rio de Janeiro, et que les Brésiliens vénèrent. D'une certaine manière, pour des raisons politiques, les Havanais lui ont tourné le dos, en signe de défiance. Et pourtant, malgré la foudre qui l'a frappée à trois reprises, malgré la farouche indifférence des autorités cubaines, la statue se tient toujours debout, sans avoir rien perdu de son éclat.

Le Havanais regarde souvent le ciel, mais il n'y voit rien d'autre que les nuages, le soleil, et l'aveuglant voile de soie bleue dont dépend cette nonchalance qui lui est vitale pour faire face au quotidien. Il coule ses jours sans prêter la moindre attention au Christ de la baie, comme on l'appelle.

Cependant, dans les années quatre-vingt, plusieurs jeunes malades du sida ont voulu aller voir la sculpture. Je le sais parce que l'un d'eux me l'a raconté. Aucun n'a réussi à l'atteindre, mais ils s'en sont approchés le plus possible. Ces garçons n'avaient même pas trente ans. Ils se savaient condamnés, et ils avaient ressenti le besoin d'aller se recueillir au pied de la statue, mais on ne le leur a pas permis.

À leur sortie de prison, certains détenus politiques s'approchent du Christ de la baie, pour lui rendre grâces du courage qu'il leur a donné ; ils le remercient de les avoir aidés à résister, pendant ces années de captivité, eux qui ne voulaient qu'une seule chose : voir leur pays libre. Ils manifestent aussi leur reconnaissance en se recueillant devant les statues de Notre-Dame de la Charité du Cuivre et de la Vierge de Regla[1].

Comme tous les étudiants catholiques de mon époque, j'avais peur que l'on nous voie aux

1. *Nuestra Señora de la Caridad del Cobre* : patronne de Cuba, dont la statue se trouve dans la basilique de Santiago de Cuba ; *Virgen de Regla* : à Guaicanamar, icône de la Vierge de Regla (originaire d'Espagne). [N.d.T.]

alentours de la statue ; nous connaissions parfaitement les conséquences : on pouvait nous renvoyer de l'établissement et nous infliger un « blâme ». Et tout le monde savait qu'un « blâme » dans un dossier scolaire vous poursuivait tout au long de votre vie et risquait de nuire à votre réussite professionnelle. Malgré cela, avant d'entrer à l'université, je suis partie en direction de la colline du Christ, en compagnie de plusieurs camarades d'école. Nous nous sommes faufilés sous une clôture de barbelés, et nous sommes allés nous asseoir à l'ombre d'un des arbres qui avaient été plantés là pour camoufler le socle de la statue. Nous avons mangé notre goûter, qui se composait de petits pains saupoudrés de sucre blanc, notre seule nourriture de la journée. Très vite, un policier, ou plus exactement un soldat, est arrivé :

— Qu'est-ce que vous faites ici ? Vous ne savez pas que cet endroit est interdit au peuple ? – « Interdit au peuple » : il n'avait pas pu s'en empêcher, de sa bouche était sortie la plus criante des vérités…

— Nous ne faisions que nous promener… Et nous nous reposions… Nous ne savions pas que c'était interdit, a lâché, craintif, l'un des garçons – mais sur son visage, un léger tremblement nerveux trahissait son mensonge.

— Vous avez bien dû voir la clôture. Comment est-ce que vous êtes passés par-dessus ? Ici, c'est une zone militaire, vous ne pouvez pas rester une seule minute de plus, a renchéri le soldat, arme à la main.

— Nous avons vu une grille cassée, c'est par là que nous sommes entrés, ai-je dit ; nous ne pouvions pas savoir que c'était interdit, puisque la grille était cassée. C'est un peu comme une porte que quelqu'un aurait ouverte avant nous… – mon mensonge est un peu mieux passé.

— Vous n'avez pas le droit d'être là. Maintenant, vous allez me donner vos noms, et vous allez filer par où vous êtes venus – l'homme a sorti un bloc-notes et une mine de crayon usée de l'une des poches de son pantalon d'uniforme.

Chacun d'entre nous a décliné son identité, son âge et son adresse. Et comme l'avait ordonné le soldat, nous avons déguerpi par où nous étions arrivés.

Moins d'une semaine après, ma mère recevait la visite d'un officier ; elle était au travail, au café América, où elle était serveuse. L'homme est allé droit au but :

— Votre fille a été vue, avec d'autres bons à rien, tout près du Christ de la baie. Vous n'êtes pas sans savoir que cet endroit a été déclaré zone sensible, secrète ; c'est une zone militaire. Si nous la revoyons dans les parages, nous devrons prendre des mesures.

— Ma fille n'est pas une bonne à rien, et ses amis non plus. Ils devaient simplement chercher un nouvel endroit pour réviser leurs cours ; enfin, je suppose, elle ne m'a rien dit de tout ça. Ils aiment bien réviser à la plage, ou à la campagne, ils se sentent plus détendus…, a expliqué ma mère.

— Si elle recommence, vous le paierez cher. Toutes les deux.

Ma mère était assez effrayée quand elle m'a raconté cette visite ; elle m'a demandé instamment de ne plus jamais retourner là-bas. Je n'y ai jamais remis les pieds, et je le regrette aujourd'hui. Depuis mon exil, je regrette de n'être jamais retournée dans ce lieu, si paisible, si éloigné de la vulgarité et de la médiocrité qui nous entouraient de toutes parts.

XXII

Elle n'avait pas un mois quand elle est arrivée à la maison ; c'était un 17 décembre, date à laquelle toute l'île, mais surtout La Havane, se prépare à fêter la Saint-Lazare (les gens partent alors en pèlerinage à Rincón). C'était une petite chatte toute frêle, son pelage était de différentes couleurs, elle était de l'espèce la plus commune qui soit : une sorte de chatte de gouttière, comme on dit en France. Sa mère était connue dans toute la Vieille Havane sous le nom de Tristesse Impératrice[1] ; elle avait la mine la plus triste qu'on puisse imaginer. Mais sa mère n'était pas une chatte banale, quelconque. Non, pas du tout : c'était au contraire une chatte racée, une sorte de chartreuse, croisée avec un chat tigré. Un matou des

1. Tristeza Emperatriz. [N.d.T.]

faubourgs l'avait mise enceinte, et c'est ainsi que, pour son troisième accouchement, elle avait donné naissance à des chatons maigrichons, tachetés de noir, de blanc, de jaune et de gris.

Je l'ai baptisée Sócrata Nureyeva[1] : Sócrata, à cause de ses yeux verts, si pensifs, et des poses, si philosophiques, qu'elle prenait ; Nureyeva, à cause de sa démarche, avec ses longues pattes toujours prêtes à faire le grand écart, comme Noureev, le prodigieux danseur. Elle passait sa vie assise en équilibre sur la rambarde d'un balcon, au premier étage, d'où elle observait les passants, et chaque fois qu'un oiseau voltigeait dans les parages, elle jaugeait le terrain, afin de savoir si elle arriverait à l'attraper en bondissant. Comment devinait-elle qu'elle n'y arriverait pas, je l'ignore.

Je lui parlais, et elle me répondait ; et la moitié de La Havane a défilé sous le balcon pour assister à ce spectacle : la chatte parlant avec sa maîtresse. Elle parlait aussi avec l'*azulejo*[2] qui chantait dans sa cage, sur le balcon d'en face. L'oreille

---

1. Féminisation des noms propres Sócrates (le philosophe Socrate) et Nuréyev (le danseur Rudolf Noureev). [N.d.T.]

2. Passerin indigo, petit oiseau bleu. [N.d.T.]

musicale était plus développée que l'instinct animal chez Sócrata Nureyeva.

Le soir, je pouvais l'emmener avec moi dans la rue ; elle marchait à mes côtés, d'un pas rapide, comme un petit chien. Parfois, elle poussait deux miaulements, pour me faire comprendre qu'elle voulait monter sur mon dos ; elle s'enroulait autour de mon cou, et l'on aurait dit une étole, faite de la plus somptueuse des fourrures.

Nous déambulions à travers les rues Villegas et Obispo, puis nous descendions jusqu'à Los Elevados[1], en passant par les quais de Casablanca et de Regla. Elle observait tout, mais toujours depuis le trottoir opposé à la mer ; la mer lui faisait peur.

Une fois à Los Elevados, elle descendait de mes épaules pour aller se promener au milieu des cargaisons de la douane ; elle ne s'échappait jamais. J'avais terriblement peur de la perdre, mais elle revenait toujours, d'un pas élégant et théâtral.

1. Partie de La Havane située près de la gare centrale de La Havane (Estación Central de Ferrocarriles) ; elle doit son nom aux ouvrages d'art surélevés (*elevados*) construits pour la circulation des trains. [N.d.T.]

Elle était si gaie, et si sociable, qu'elle était devenue célèbre dans tout le quartier. À six ans, elle a pris la mauvaise habitude d'attirer tous les chats les plus improbables du coin : vieux, jeunes, boiteux, borgnes… L'un d'eux l'a mise enceinte ; elle s'est occupée de ses chatons jusqu'à ce qu'ils soient sevrés, puis nous les avons donnés. Elle restait sur son balcon, attentive aux passants ; et moi, je la contemplais, captivée par sa beauté magistrale.

Un jour, un chat d'un immeuble ou d'un quartier voisin est venu embarquer Sócrata Nureyeva, et je ne l'ai plus jamais revue. Je l'ai cherchée pendant des mois, dans les moindres recoins de La Havane. Nuit après nuit, je me réveillais en sursaut, croyant entendre ses miaulements.

Plus de trente ans après, à Paris, ma fille a reçu en cadeau une petite chatte exactement pareille ; elle avait les quatre mêmes couleurs. Elle est arrivée à la maison, un 17 décembre elle aussi, comme par hasard, et nous avions organisé une grande fête pour la Saint-Lazare. Je lui ai donné le même nom : Sócrata Nureyeva. Elle a le même pelage, les mêmes yeux – quoique les siens soient plus jaunes –, et la même démarche fière de danseur. Comme c'est une femelle, je lui ai appris à parler avec moi ; elle grimpe sur mes épaules et nous nous promenons toutes les deux dans la maison. Mais je ne la laisse pas sortir dans la rue, ni aller sur le balcon. Je ne veux pas la perdre à Paris, comme j'ai perdu l'autre à La Havane.

XXIII

Nous descendions ensemble le boulevard San Rafael, jusqu'au Centre asturien, ou jusqu'à la Manzana de Gómez[1], et nous nous installions dans un des cafés encore ouverts ; nous prenions une glace, ou un café noir bien serré. Il s'appelait Ramón Unzueta ; c'est l'un des plus grands peintres que La Havane ait connus. Il a tant peint cette ville… Nous avions l'habitude de nous promener, à la recherche de femmes laides, de vieilles femmes, de toutes sortes de femmes folles ; autant de visages qu'il recréait ensuite, du bout de son pinceau.

Plus jamais nous ne serons heureux comme nous l'avons été dans La Havane de notre pauvre jeunesse. Car le bonheur ne tenait qu'à ces petits détails : parcourir la ville en quête de modèles

1. Premier centre commercial de Cuba. [N.d.T.]

qu'il peindrait, et que je décrirais dans certains de mes poèmes.

Un jour, il m'a dit qu'il ne se voyait pas vivre ailleurs, et j'étais d'accord avec lui. Pourtant, l'un comme l'autre nous avons quitté Cuba dans les années quatre-vingt-dix, et nous nous sommes adaptés aux lieux où nous avons atterri, lui à Tenerife, moi à Paris. Pas un seul instant nous n'avons oublié qu'un soir, à La Havane, je lui avais dit que « notre pays, ce sont nos pieds », et qu'il valait mieux ne prendre racine nulle part. À cette époque, nous ne voyions pas la moindre lueur de liberté ; nous aurions voulu nous envoler très loin. Mais la ville nous retenait prisonniers.

Nous aimions remonter la rue Neptuno, bras dessus bras dessous, puis arpenter la rue Galeano, et descendre à nouveau le boulevard San Rafael, en admirant cette Havane au ciel lumineux, cette Havane coquette, malgré les dégâts du castrisme. Et nous tentions d'imaginer La Havane resplendissante de nos parents et de nos grands-parents ; nous la retrouvions à travers les livres.

À la Bibliothèque nationale, nous passions des heures à étudier de vieilles revues, nous nous documentions sur les artistes qui avaient visité la ville, sur le succès qu'ils avaient connu autrefois, et nous étions stupéfaits de découvrir combien la presse avait été libre par le passé. Bien sûr, tout cela n'était possible que lorsqu'on nous permettait de consulter les vieux journaux, ce qui était loin d'être fréquent.

La peinture de Ramón Unzueta reflétait une Havane idéalisée, assez éloignée de la ville délabrée que nous avons connue. Ce n'était pas notre Havane aux maisons à moitié démolies, ni La Havane où l'eau venait à manquer, la ville où l'on entassait des familles entières dans des logis de fortune ; c'était cette fameuse Havane que nous n'avions pas connue, celle de l'élégance, celle de l'opulence. La Havane où l'on pouvait manger pour un peso. Les salaires étaient convenables et permettaient aux travailleurs de vivre normalement. Vivre normalement, c'était tout ce que nous voulions.

— Demain, je vais peindre une femme des années vingt, derrière elle tout sera Art déco, m'annonçait-il.

Mais c'est sa sœur, Enaida Unzueta, qui allait prêter son visage à cette femme des années vingt. Je me promenais parfois avec elle en ville, à vélo. Elle avait beau rentrer en sueur, toute décoiffée, il la prenait quand même comme modèle.

Je ne connais aucun peintre qui ait peint La Havane autant que lui. En dehors des grands classiques du passé, personne d'autre n'a su la voir à la fois comme elle est et comme elle a été ; c'est un mélange inouï de passé et de présent, mais dans l'un comme dans l'autre, toute vulgarité a été gommée. Voilà le propre de l'art : il dévoile la vérité, et la beauté dans ce qu'elle a d'impérissable.

Mais La Havane n'est plus une belle ville aujourd'hui. Elle ne l'est plus parce qu'elle n'est pas libre. Finissons-en avec les mensonges et les inepties : la beauté n'est pas sans lien avec la politique. La dictature a tout enlaidi. Nous devons aussi parler de cette Havane blessée. Mortellement blessée. Nous devons dire combien elle nous fait mal, cette Havane pourrie, puante, éteinte.

J'ai écrit un poème sur elle, il y a des années ; il porte le titre d'une chanson populaire de Los Van Van, des musiciens qui ont préféré adhérer au régime, plutôt que d'être sincères avec eux-mêmes. De bons musiciens, sans aucun doute ; dans ma jeunesse, j'ai dansé comme une folle sur leur musique. Mais ensuite, ils ont capitulé ; ou disons plutôt qu'ils se sont fanés, comme tout ce que touche la dictature.

Fêter les quatre cent quatre-vingt-quinze ans de La Havane ne veut pas dire qu'il faille la maquiller avec des chants et des louanges. Fêter ce presque demi-millénaire, cela veut dire, bien sûr, rappeler *l'histoire de la ville*, mais c'est aussi, pour chacun, revivre *sa propre histoire avec la ville* ; c'est la voir et l'analyser dans toute sa grandeur, dans toute sa majesté, mais aussi dans toute sa décadence. La Havane d'aujourd'hui est une ville décadente. C'est une ville qui ne produit rien de concret pour enrichir le pays. C'est une ville qui n'engendre pas le tourisme qu'elle aurait pu engendrer si elle avait continué de le développer comme dans les années cinquante. C'est une ville sans ressources ; une ville muette, morte.

Voici le poème ; il est toujours d'actualité :

LA HAVANE N'EN PEUT PLUS
C'est ce que disent les Van Van,
mais La Havane est femme battue et consentante
avec son chignon de travers,
ses bigoudis sans épingles collés à la salive
ses savates de bois sans bois
bien que reviennent les chaussures plate-forme,
ses ongles des pieds peinturlurés de perle grise
pour dissimuler les vers qui les rongent
– pareil pour les durillons –
ses poils sur les guibolles car les rasoirs
des *Astra* paraît-il
étaient soviétiques un par an pour le chef de famille

ses varices énormes vénaton en rupture de stock
sa chatte qui la gratte sans arrêt
comme dans la chanson
même si le monde entier en nie la raison
parce qu'il n'y a plus d'eau jamais au grand jamais
ses grosses fesses à cellulite comprimées
dans un lycra argenté
made in Taiwan
souvenez-vous que les perruques ont été exterminées
dans les années soixante-dix
on les a transformées comme on transforme
une défaite en victoire en chapeaux pour la canne
pour se protéger du soleil de cette récolte
qui n'a pas donné les résultats espérés,
crâne chauve et yeux cernés !
et au-dessus des cernes et des paupières crasseuses
l'ombre dorée de cette poussière qu'on gratte
avec l'ongle
sur les sacs en plastique importés de l'étranger
cirage sur les paupières
et encore si on trouve un cordonnier
qui se laisse débaucher par du poil sous les bras,
ses ongles postiches – c'est pour mieux te griffer
beau mec –
envoyés de Miami Fla – plus ils sont longs,
mieux c'est, mon mignon –
peints en mauve avec une lune et des étoiles
en décalco fluo,

ses doigts pleins de bagues en plastique
ou de joints inutilisables d'éviers assoiffés
ses boucles aux lobes des oreilles
objets curieux et novateurs faits de petits tubes
de déodorants
par des camelots jouant les aveugles et les invalides
– comme par hasard pour truander et ne pas
aller en cabane –
du boulevard San Rafael.
Un ras du téton très mignon qui suggère
vas-y quand tu veux tu touches,
des bretelles dégoûtantes du vingt-et-unique
soutien-gorge
volé sur la carte de rationnement, case 34,
groupe A-1,
ses culottes repoussoirs de concupiscence
sans élastique aux jambes résultat
toute la sainte journée tu as la raie du cul en feu.
La Havane bien moustachue entre nez et lèvre
car la cire dépilatoire venait des pays ex
comme le shampoing décolorant
elle a quatre ou cinq centimètres de racine
avant la décoloration
La Havane a aussi ses zones décolorées
ces taches crado sur la peau qui pèle
à la pharmacie pas de zinc ni de calamina,
ses ovaires étripés comme ses hémorroïdes
grâce à une diplo-bicyclette chinoise

Et ce sacré et sacrément joli sourire de La Havane
comme une chiure de moineau dans le parc central
ou sous les arcades du Morro Castle
chère Havane la pauvrette
– pauvrette rime avec minette –
si crevée si guignarde si humiliée si frénétique
si malpolie
si déconfite si chevauchée si répudiée si dénoncée
si sucée
si désolée si meurtrie si furieuse si plate
si clitoridienne
si jambe en l'air si ignorante si triturée si recyclée
si martyrisée
si papouillée si shootée si pissée
si gouvernée si éteinte si baisée
si embrassée si étreinte si rêvée si regrettée.

LA VIEILLE HAVANE, 1977 – PARIS, 1995 [1]

1. *Les Poèmes de La Havane*, traduction Claude Bleton, Antoine Soriano éditeur, Paris, 1997, p. 59-61.

XXIV

La pluie tombe sur les rêves et mouille les statues endormies. La pluie tombe sur toi, marbre érotique, ardent ; toute la pâleur de l'univers se reflète sur ton visage. La pluie tombe sur moi, elle mouille le vieux poème. Ensemble, nous aurions pu tuer, et bavarder ensuite, comme si de rien n'était, ô statue. Nous nous serions regardés. Je te mettrais bien dans mon lit. Ton torse doit ressembler à celui de l'artiste qui t'a sculptée. Statues nues : effigies violées, images pétrifiées de l'amour.

La ville – toujours la même litanie – s'engouffre dans mes yeux. Le murmure de la ville chante à mes oreilles et martèle mes tympans, comme les talons sombres de cette femme.

Tous les jours, sous le balcon de ma maison, passait un gros homme asthmatique engoncé dans un costume sombre d'avocat ; il avait parfois un mégot à la main. Il semblait fatigué ; il revenait du fort El Morro et se dirigeait vers le Prado, vers la rue Trocadero. À cette époque, j'ignorais qu'il s'agissait d'un immense écrivain : José Lezama Lima.

Au cours de l'été 1976, j'écrivais de terribles vers tandis qu'il mourait. Ce même été, j'ai exploré la solitude cosmique de la ville, le labyrinthe des morts, le vieux cimetière Colomb ; je ne savais pas que, quelques heures plus tard, il reposerait là, lui aussi, et dialoguerait avec les spectres, en éclaboussant le chaos de son souffle démesuré.

Je n'étais qu'une hôte éphémère, et je me suis perdue dans les brumes de la vallée de Proserpine.

Des années et des années ont dû s'écouler avant que j'atteigne le château défendu par les monstres de Bomarzo[1]. En ces lieux, au fond de chaque miroir, un songe est là qui nous épie.

Dans une chambre close, les âmes des poètes se réunissaient pour bavarder. Et c'est alors que je l'ai vu, lui, Lezama : il se balançait, sur un fauteuil à bascule tout ce qu'on fait de plus terrestre. Le poète parlait de la vie, et Lautréamont prenait

1. Allusion aux jardins de Bomarzo ou parc des Monstres, dans la province de Viterve en Italie. [N.d.T.]

des notes, frénétiquement ; au bout de sa plume jaillissait du sang. Góngora et Quevedo[1] se querellaient à voix basse, à coups de Z acérés et de vers cinglants. Rimbaud et Verlaine se chamaillaient aussi, enragés, et quelquefois leurs bouches s'embrassaient. Paul Valéry n'en revenait pas de ce cimetière, qui n'avait pas grand-chose de marin. Tel un lion, Darío[2] arborait un sourire goguenard.

Vallejo[3] tremblait de faim, dans son imperméable encore tout dégoulinant de la dernière averse parisienne. Lui, Lezama, récitait les vers de tous ces poètes, et eux, en écrivant, lui donnaient rendez-vous dans le futur.

Recouvert d'une soutane râpée, San Juan de la Cruz priait « un je ne sais quoi qu'ils...[4] ». Jorge Manrique se rappelait comme s'était

1. Luis de Góngora (1561-1627) et Francisco de Quevedo (1580-1645), les deux poètes les plus emblématiques du Siècle d'or espagnol. [N.d.T.]

2. Le poète nicaraguayen Rubén Darío (1867-1916), l'un des principaux représentants du « modernisme ». [N.d.T.]

3. Le poète péruvien César Vallejo (1892-1938) est mort à Paris, par un vendredi pluvieux. [N.d.T.]

4. Allusion à un célèbre vers issu de *Cántico espiritual* (*Cantique spirituel*), de Juan de la Cruz (1542-1591),

approchée la mort, « tant muette[1] ». Juan Ramón Jiménez confiait des secrets à l'âne Platero[2], tandis que Lorca tenait la bête par la bride. Neruda s'est baissé pour ramasser un mouchoir brodé au nom de Maligna[3]. Lezama lui a souri, et Neruda lui a rendu un clin d'œil complice. Il y avait là, aussi, tous ceux qui m'étaient inconnus : en les voyant, j'ai compris que j'avais encore beaucoup à lire.

---

poète espagnol : *« un no sé qué que quedan balbuciendo »*, « un je ne sais quoi qu'ils restent à balbutier ». [N.d.T.]

1. Allusion à un célèbre vers issu de *Coplas a la muerte de su padre*, de Jorge Manrique, poète espagnol du XVe siècle : « *Cómo pasa la vida / Cómo se viene la muerte / Tan callando* », « Comme s'écoule la vie / Comme s'approche la mort / Tant muette » (« Coplas sur la mort de son père », traduction Guy Lévis-Mano, *Anthologie bilingue de la poésie espagnole*, Gallimard, « Pléiade », Paris, 1995, p. 161). [N.d.T.]

2. Allusion à *Platero y yo*, une œuvre dans laquelle Juan Ramón Jiménez (1881-1958) se met en scène avec l'âne Platero ; l'allusion n'est certainement pas fortuite ici, puisque José Lezama Lima était ami avec cet écrivain espagnol et qu'il a écrit en 1937 un court texte intitulé *Coloquio con Juan Ramón Jiménez* (*Conversation avec Juan Ramón Jiménez*). [N.d.T.]

3. Allusion au poème « Tango del viudo » de Pablo Neruda. [N.d.T.]

Un homme menu, au front étroit, aux yeux rêveurs, a réagi avec modestie quand il a entendu Lezama réciter ses propres vers. Puis ils sont tombés dans les bras l'un de l'autre, accolade infinie : Lezama pressait contre lui la redingote impeccable de Martí. « Nous, les fous, sommes sages », et pour la première fois, je l'ai entendu rire, avec cette inimitable voix d'asthmatique :

— Merci, maître, de rendre possible l'impossible[1].

La rencontre de ces deux êtres avait produit plus de lumière que mes yeux, trop habitués au réel, ne pouvaient en supporter ; et je n'ai mis que quelques secondes, je crois, à sortir du rêve, pour retrouver le monde et sa lenteur ; j'ai alors poursuivi la lecture de *Enemigo rumor*[2].

1. L'auteure fait dire ici à Lezama deux phrases célèbres de José Martí : « *Lo imposible es posible. Los locos somos cuerdos.* » [N.d.T.]

2. Recueil de poèmes de José Lezama Lima, publié en 1941 (*Rumeur ennemie*). [N.d.T.]

XXV

Je reviens parfois en rêve dans la maison natale de José Martí, au numéro 314 de la rue Leonor Pérez (anciennement rue de Paula) ; je relis les lettres et me délecte de l'œuvre magnifique du maître ; et surtout, je m'imprègne de ce lieu, où il a vu le jour : on peut encore y voir certains de ses meubles, et son petit berceau. *C'est un logement modeste du début du XIXe siècle, l'un des rares de cette époque qui soient encore debout. L'édifice n'aurait aucune valeur s'il ne s'agissait pas de la maison natale de José Martí ; c'est la seule et unique raison pour laquelle il a été conservé en parfait état.*

Du point de vue architectural, c'est une humble demeure, avec ses deux étages au plafond bas, ses murs de maçonnerie, et sa toiture aux poutres grossières, faite de bois et de tuiles. Au rez-de-chaussée, les pièces du fond donnent sur une petite cour latérale. L'actuel musée fut inauguré en 1925 ; la maison fut restaurée en 1963 par Fernando López ; elle est désormais classée monument national.

J'y suis allée à plusieurs reprises avec ma grand-mère, puis avec l'école et, plus tard encore, toute seule. J'y retournais régulièrement, c'était comme une visite rituelle ; à ce moment-là, j'avais déjà lu les vingt-six tomes de l'œuvre complète de José Martí, immense écrivain et révolutionnaire dans tous les sens du terme, en littérature comme en politique. On a beau avoir voulu faire de lui un révolutionnaire castriste, c'est-à-dire un symbole du castrisme, Martí n'a rien à voir avec le castrisme, pas plus qu'avec le socialisme ou le communisme. Un jour, la vraie histoire sera rétablie et chacun retrouvera alors la place qui lui revient.

J'ai compris beaucoup de vérités occultes dans cette maison aux murs jaunes, avec ses portes et ses fenêtres peintes en bleu Caraïbes ; j'ai compris l'humilité de Martí, j'ai pu mesurer son intégrité et son amour des pauvres de la terre, auxquels il avait lié son sort, comme il le dit dans son poème : « Aux pauvres de la terre / Je veux lier mon sort[1] ».

1. « *Con los pobres de la tierra / Quiero yo mi suerte echar* », vers issus d'un célèbre poème de José Martí, qui

Il a lié son sort à eux, et il en est mort, un 19 mai 1895, lors de la bataille de Dos Ríos : il a reçu une balle espagnole en pleine tête[1].

José Martí n'a pas vécu longtemps à La Havane, puisqu'il a passé la majeure partie de sa vie en exil. Et pourtant, toute la ville est imprégnée de sa présence. S'il me fallait donner une voix à La Havane, je lui donnerais celle de José Martí. Cette voix inconnue, que j'ai si souvent imaginée.

Dans sa maison natale, alors que je contemplais les photos et les fac-similés, en proie à mes rêveries, j'entendais sa voix. Une voix virile et douce à la fois, une voix sucrée.

Puis le vacarme de la rue me ramenait à la réalité : le bruit des enfants qui jouaient au *taco* ou au *quimbe y cuarta*[2] et les cris des marchands de journaux entraient par les fenêtres et résonnaient jusque dans la maison. Mais derrière toutes ces voix, on percevait comme un écho, une certaine

---

accompagne la mélodie de *La Guantanamera*, emblématique de Cuba. [N.d.T.]

1. Pendant la guerre d'indépendance cubaine (1895-1898). [N.d.T.]

2. Jeux populaires cubains, rappelant le base-ball : on y joue avec un morceau de bois en guise de balle, et avec une vieille planche en guise de batte. [N.d.T.]

sonorité : Martí était en train de nous décrire. Sa voix semblait provenir d'un portrait de l'écrivain : on le voit, plume à la main, il regarde droit devant lui, comme s'il attendait un baiser.

Sur chaque photo, on dirait que Martí attend d'être embrassé, et chacun des mots qu'il a écrits est un baiser qu'il nous envoie, une étreinte profonde. Martí est ce mystère qui ne nous quitte pas, a écrit quelqu'un (José Lezama Lima, me semble-t-il, un autre grand maître). Et ce mystère me poursuivait partout dans la petite maison musée ; il tapotait dans mon dos et me prenait la main, pour me conduire jusqu'aux lettres, bien gardées derrière leur vitrine. Les lettres de Martí ont éclairé ma pensée et m'ont incitée à lire ses œuvres complètes.

Mais revenons-en au mystère : soudain, tout s'estompait autour de moi, et Martí apparaissait, dans son élégante redingote noire ; il avait sous le bras tout un tas de papiers. Ses yeux en amande brillaient d'une lueur incomparable, et je ne désirais rien tant que de rester en proie à la rêverie et aux chimères, où m'avaient plongée tous les manuscrits et tous les vieux objets qui m'entouraient.

Tout à coup, Martí entrouvrait ses lèvres pour prononcer une phrase, quelques mots brefs, et alors, pêle-mêle, les voix de la ville tout entière, tous les sons, toutes les mélodies, le chant de tous les oiseaux, le tohu-bohu de l'ancienne cité résonnaient à mes oreilles. Oui, assurément, la voix de José Martí est la voix de La Havane : mélodieuse, sensuelle, intelligente, sobre… La voix de La Havane, quand la ville se pare de ses qualités les plus estimables, quand elle se drape dans son étoffe la plus raffinée.

Oui, le maître était bien là ; un peu comme un Christ, comme le Christ de La Havane, avec son bras levé, il me montrait la ville ; mais il me la montrait sans qu'il soit nécessaire de sortir de son humble maison, cette maison où il était né, lui, l'homme le plus immense de toute l'Amérique, et l'un des plus grands hommes du monde.

La ville venait s'engouffrer tout entière à l'intérieur de la maison ; la ville, démesurée, était partout dans l'atmosphère, planant au-dessus des carnets et des encriers, flottant autour des photos et des documents historiques. Elle renaissait dans cette maison, comme à l'intérieur d'un utérus. Le temps s'arrêtait. Martí se tenait là et, tout autour de lui, il faisait ressurgir les moindres rues et les moindres recoins de La Havane ; il prononçait quelques mots, des vers qu'il avait composés autrefois, et l'émotion envahissait ma poitrine.

Et puisque ce livre est une sorte d'essai sur La Havane, avec sa part de rêve et de fiction, je dois dire que dans cette maison, absorbée dans mes visions, je me suis sentie plus havanaise que jamais, et plus aimée que jamais ; parce qu'il me protégeait, comme un père, comme un ami, comme le meilleur des amants. Et la ville était là : comme une mère, comme une sœur, elle me renvoyait ma propre image, démultipliée, mon image éclatée comme une larme en mille morceaux.

Jamais, dans aucun autre musée, je ne me suis sentie aussi émue que dans la maison natale de José Martí, en plein cœur de la Vieille Havane. Je dirais même que cette maison est le cœur de La Havane. Là, pour la première fois de ma vie, j'ai pu me représenter les habitants de la ville dans leur ensemble, tous affairés à leurs tâches quotidiennes, comme dans un vieux film : Doña Leonor[1] serrait dans ses bras ses tout jeunes enfants, avant qu'ils n'aillent jouer dans la rue Paula avec d'autres gamins. Et ces gamins-là, c'étaient ceux de ma propre enfance ; curieux

1. Leonor Pérez Carbrera, mère de José Martí. [N.d.T.]

mélange de temps : Martí arrivait du fin fond de son époque et faisait irruption dans la mienne.

Il tendait une main vers moi ; dans l'autre, il tenait quelque chose qu'il cachait derrière son dos.

C'était un bel enfant, car il était de ces enfants qui portent dans leurs yeux tout l'avenir du monde.

— J'ai apporté ce cadeau pour toi, douce amie, m'a dit le petit garçon.

Dans son autre main, il avait une poupée noire. J'ai chéri cette poupée plus que toute autre. Je l'ai toujours eue, et je la garde encore. Elle m'accompagne.

XXVI

Au numéro 407 de la rue Zulueta se trouve l'ancien lycée de La Havane, devenu par la suite le Centre d'enseignement pré-universitaire José Martí, où j'ai fait mes études. *Le bâtiment occupe tout un pâté de maisons, dans l'ancien quartier Las Murallas. Il fut édifié dans le premier quart du siècle, en même temps que d'autres constructions de grande envergure ; à cette époque-là, on avait à cœur de donner à la ville un caractère monumental. L'édifice, presque complètement rectangulaire, est jalonné d'une avancée, au centre, ainsi qu'à chacune de ses extrémités. Son architecture, d'une très belle exécution, renvoie une image de solidité. Les salles se répartissent sur trois étages et autour de deux cours intérieures, où tous les étudiants devaient se rassembler deux fois par jour, le matin et le soir*[1]*. Ces deux cours rectangulaires, bordées d'arcades sur leur pourtour, flanquent symétriquement l'escalier principal.*

C'est un escalier majestueux, comme il était d'usage en ce temps-là dans les constructions publiques ; dans le hall monumental, c'est lui qui tient le premier rôle.

Le grand amphithéâtre, au deuxième étage, est l'une des salles les plus intéressantes de l'édifice, tant par sa décoration que par ses dimensions.

Au même étage se trouvent la bibliothèque, les laboratoires et une grande partie des salles de classe.

À l'extérieur, les murs, les corniches, les balustrades, ainsi que le détail des façades, sont construits avec de la pierre de taille. L'escalier principal est en marbre blanc, et tous les autres ornements sont en plâtre.

Comme tous les autres jeunes, je montais et descendais quotidiennement l'imposant escalier.

---

1. Référence à des moments de rassemblement, ayant lieu à Cuba le matin (*los matutinos*) ou le soir (*los vespertinos*), et au cours desquels il est question de politique, non seulement dans les établissements scolaires, mais aussi sur les différents lieux de travail. [N.d.T.]

Et elle, comme la plupart des autres filles, tenait son fiancé par la main. C'était un jeune homme mince, aux yeux verts et au menton étroit, légèrement fuyant. Je n'ai jamais compris comment ces deux-là s'étaient retrouvés à sortir ensemble, ils n'avaient vraiment rien en commun. Elle, c'était une jeune fille gaie, aussi gaie que l'avait été La Havane en d'autres temps ; elle était vraiment *pétillante**, espiègle ; elle aimait danser, elle s'amusait comme une folle lors des fêtes auxquelles tout le monde se rendait. Lui, c'était tout le contraire : il ne supportait même pas que nous puissions parler avec elle, dans l'escalier, pour nous donner rendez-vous en dehors des cours. C'était un type bizarre, plein de rancœur, et je n'exagère pas : il était ainsi, depuis tout petit ; apparemment, sa mère lui menait la vie dure. Nous ne savions pas exactement d'où lui venait cette rancœur ; il nous arrivait d'en parler entre nous, les amis de Giselda, mais nous n'avons jamais osé lui en parler à elle, car elle était éperdument amoureuse de lui, et par conséquent, aveugle face à l'inévitable.

Et ce qui devait arriver arriva : peu à peu, la personnalité d'Esteban a déteint sur celle de Giselda ; elle riait de moins en moins souvent et faisait mine de ne pas nous voir – autrement dit, elle nous évitait –, jusqu'au jour où elle n'est plus du tout venue aux fêtes, ni à la plage le week-end. Il l'avait éloignée de nous, il avait réussi à la couper de tout le monde, à ce qu'elle ne voie plus que lui.

Comment décrire son caractère ? C'était un extrémiste planqué, un vrai complexé, un pauvre type. Mais Giselda ne voulait pas ouvrir les yeux, elle était tellement amoureuse qu'elle ne tarissait pas d'éloges à propos d'Esteban : il était le meilleur de la classe ; pour elle, c'était le meilleur homme du monde. À force de l'idéaliser, elle n'a pas vu venir le danger.

Ils étaient encore étudiants lorsqu'ils se sont mariés : elle était tombée enceinte, et il fallait faire face à ce problème de la manière la plus convenable possible. Il faut dire aussi que les parents de Giselda travaillaient à l'étranger, en France, où elle avait la possibilité de se rendre une fois par an. Ce qu'aucun d'entre nous ne pouvait faire. Une fois marié avec elle, bien entendu, Esteban bénéficiait de ces déplacements pour raisons familiales ; et il en a bien profité. Ils ont eu un bel enfant, mais il se souciait bien moins du nouveau-né que du prochain voyage qu'il ferait à Paris.

Deux ans plus tard, nous sommes tous entrés à l'université, mais nous nous donnions toujours rendez-vous sur le petit escalier, au centre José Martí, sous le porche. Giselda venait rarement, car entre ses études et le bébé, elle était très prise. Esteban s'était transformé : c'était lui, désormais, qui était gai ; ses yeux brillaient d'un éclat nouveau et s'attardaient sur les jeunes filles, alors qu'il ne s'y était jamais vraiment intéressé auparavant.

Un jour, à l'occasion d'un rendez-vous au centre José Martí, il a rencontré une fille, bien plus jeune que nous ; elle était en première année. Il a commencé à sortir avec elle. Nous étions tous au courant, sauf Giselda, que nous ne voyions presque plus.

Giselda avait le sourire le plus beau de toute La Havane, mais d'après les rares personnes qui arrivaient encore à la voir, elle avait perdu ce rire enjoué qui la caractérisait ; un rictus avait pris sa place. Un rictus qui ressemblait à s'y méprendre à celui qu'affichait Esteban autrefois.

Comme cela finit toujours par se produire, la rumeur est arrivée aux oreilles de Giselda, et elle n'a pas pu le supporter : sans penser à son fils, qui n'avait que cinq mois, elle s'est suicidée en avalant des médicaments.

Esteban a confié l'enfant à ses parents, et à ceux de Giselda. Aujourd'hui, c'est un type qui a l'air heureux. Il rit, en arborant ce sourire qu'avait Giselda. Il danse, comme s'il voulait être Giselda, elle qui dansait si bien… C'est un type qui raconte des blagues, et il fait même plus jeune que son âge.

— Il n'était pas amoureux de Giselda, il voulait être Giselda ; c'est très différent, me dit Ania, une amie commune.

Et elle a raison. Toujours est-il que La Havane n'a plus jamais été la même, sans Giselda. Quant au nouvel Esteban… Ah ! Que voulez-vous ? Comme tant d'autres, Esteban a apporté à la ville sa touche de vulgarité.

XXVII

Étant née et ayant grandi entre La Havane centre et la Vieille Havane, il m'a fallu quelque temps avant d'aller jusqu'à El Vedado, mais j'ai eu un véritable coup de foudre pour ce quartier – ancienne forêt autrefois interdite d'accès (d'où son nom) – dès que je l'ai découvert, et je me suis entichée de ses jardins, de ses parcs et de ses prestigieuses demeures.

La construction d'El Vedado compte parmi les travaux les plus importants qui aient été entrepris dans la ville, à l'époque coloniale. Elle débuta en 1859, lorsque José Domingo Trigo demanda à la mairie l'autorisation d'étendre le périmètre de la ville. Ce projet allait prendre le nom d'El Carmelo.

Les plans, élaborés par l'architecte Luis Yboleón Bosque, envisageaient d'urbaniser près de quinze mille ares de terrain. Le projet – cent cinq parcelles au total, chaque parcelle mesurant cent mètres de côté – fut approuvé la même année.

Le comte de Pozos Dulces proposa rapidement une entreprise semblable pour les terrains de sa propriété qui avoisinaient ceux d'El Carmelo. C'est cette zone urbaine, plus petite que la précédente, que l'on a appelée El Vedado. Elle a été conçue par le même Yboleón Bosque, ce qui a permis de donner une unité à l'ensemble. Finalement, en 1877, les ingénieurs José Campo et Alberto de Castro décidèrent d'étendre encore le périmètre du quartier, que l'on connaîtrait par la suite sous le nom d'El Vedado.

À l'homogénéité des larges rues, des jardins et des parcs, s'ajoutait la présence d'avenues importantes, telles que la 17e avenue, l'avenue G (ou avenue des Présidents), et le Paseo (avenue des Maires). Quant à la rue Línea, l'une des principales artères, elle allait épouser le tracé d'une ligne de chemin de fer urbain.

El Vedado se peupla lentement, malgré les excellentes conditions de vie que le quartier offrait, et malgré toute la propagande dont il avait fait l'objet. En 1880, bon nombre de maisons avaient déjà été construites dans l'espace qui se situe entre la rue Línea, la rue Calzada et la 17e avenue. On créa plusieurs lieux de plaisance, en lien avec les espaces de baignade, sur le littoral. En 1890, le Salón Trotcha, construit quatre ans plus tôt, fut agrandi pour abriter un hôtel, qui eut tôt fait d'acquérir un prestige considérable.

Dès 1915, El Vedado devint le lieu de prédilection des nantis, qui y élurent domicile et s'acclimatèrent sur-le-champ à ce quartier, à nul autre pareil dans toute l'architecture havanaise et caribéenne.

C'est au cours de la même décennie que le quartier de Nuevo Vedado vit le jour ; il se compose de plusieurs parcelles qui, pour la plupart, avaient été déclarées constructibles peu de temps avant, et qui s'étendent au-delà de la 26e avenue.

Je ne suis pas à proprement parler une habitante d'El Vedado, et même si j'ai vécu pendant cinq ans dans cet élégant quartier, je m'y suis toujours sentie étrangère. Car, dans leur identité même, les gens qui sont nés et qui ont grandi là sont, pour ainsi dire, marqués du sceau du privilège. Un privilège notoire, qui s'accorde parfaitement avec la vulgarité ambiante, comme une loi tacite griffonnée au fil du temps.

L'image que j'ai d'El Vedado, sans parler de son incomparable beauté, est celle d'un endroit très replié sur lui-même, très soucieux de préserver son identité ; un quartier qui tient à la splendeur de ses paysages et à la richesse de son patrimoine architectural et artistique. *Par ailleurs, Nuevo Vedado comprend le fleuve Almendares et ses rivages bordés de forêts, le cimetière Christophe Colomb, et le Parc zoologique national.*

Dès le moment où elle vit le jour, cette partie de la ville bénéficia de voies de communication aussi nombreuses qu'excellentes ; elle se dota également d'une zone résidentielle, où la sophistication du style se faisait gage d'unité ; la petite et la moyenne bourgeoisie de l'époque y firent construire des immeubles et des maisons individuelles.

Il y a de très nombreux espaces verts : jardins, parcs et autres espaces ouverts, passages, rues secondaires, parcelles aux contours plus ou moins réguliers, délimitées par des voies sinueuses, parfois interrompues par le relief naturel.

Le secteur qui se situe autour de la place de la République ou place Civique (l'actuelle place de la Révolution) fut construit au temps du président Fulgencio Batista y Zaldívar, sur l'ancienne colline des Catalans ; déjà à l'époque, il y avait, tout autour, de nombreux quartiers délabrés, qui survivaient – et qui survivent encore aujourd'hui – dans la misère la plus totale.

El Vedado compte aussi de nombreuses personnalités, mais je n'en évoquerai qu'une, l'une des plus énigmatiques à mes yeux, et l'une des principales figures de la résistance : la poétesse et écrivaine Dulce María Loynaz, qui a reçu le prix Cervantès en 1992.

Dulce María Loynaz del Castillo incarnait La Havane de toute une époque. Elle faisait partie d'une certaine aristocratie. Son père, Enrique Loynaz del Castillo, avait été général lors de la guerre d'indépendance contre les Espagnols.

Dulce María était déjà une vieille dame lorsque je l'ai rencontrée, mais étrangement, elle avait l'air très jeune, malgré ses cheveux blancs et son visage ridé : de son être émanait un halo de jeunesse inextinguible. Depuis des années, elle dirigeait de manière indépendante l'annexe de la Real Academia de la Lengua Española[1] à La Havane. Tous les jeudis, un groupe de poètes et d'écrivains, des vieillards pour la plupart, se réunissait autour d'elle et prenait le thé, tout en réfléchissant et en bavardant, au sein de l'Académie. Le régime

1. L'Académie royale de la langue espagnole. [N.d.T.]

ne voyait pas ces réunions d'un œil favorable, et elle le savait bien ; elle résistait, avec sa brillante intelligence pour seule et unique arme.

Je crois avoir été l'une des rares jeunes femmes à entrer chez elle, et dans sa vie. Je lui avais été présentée par l'historien de la ville, Eusebio Leal, et dès notre première rencontre, nous étions devenues de grandes amies. Je connaissais ses poèmes – j'avais vingt et un ans –, mais je n'avais pas encore lu son roman, *El Jardín*[1]. Elle me l'a offert, et je garde comme un trésor sa magnifique dédicace, dans laquelle elle me compare à Bárbara, le personnage principal de son roman « lyrique ».

Malgré les privations, elle n'a jamais manqué d'offrir un thé ou un café à ses invités. Chez elle, au beau milieu de sa formidable collection d'éventails, entourés de véritables joyaux décoratifs (Belle Époque, Art nouveau et Art déco), nous buvions ses paroles, envoûtés par le raffinement de son élocution cadencée, où se glissait parfois un soupçon d'ironie.

Quand je ne pouvais pas venir, je lui passais un coup de téléphone, et lorsque nous ne parvenions pas à nous parler, à cause de la dégradation

1. *Le Jardin*. [N.d.T.]

des lignes téléphoniques, nous échangions des lettres[1].

Elle était toujours entourée de ses amies et de ses dames de compagnie, comme elle les appelait, mais aussi de ses chiens, dont elle s'occupait elle-même, comme de la prunelle de ses yeux. Je n'ai jamais vu personne aimer autant ses chiens. Il nous arrivait aussi d'échanger des banalités : il n'y avait pas que la poésie et la culture. Et nous parlions discrètement de la situation politique. Elle disait ce qu'elle pensait, sans la moindre crainte. Elle ne supportait pas le régime, et elle avait choisi de s'enfermer chez elle, pour ne pas voir les transformations à l'extérieur, disait-elle. Sa maison était un temple de l'art et de la création.

Je ne l'ai jamais entendue tenir le moindre propos déplacé, c'était une personne plutôt bienveillante et tendre ; mais la rudesse de son caractère transparaissait parfois, lorsqu'elle rappelait qu'elle était fille de général, et qu'en tant que fille de général, elle ne céderait jamais. Lorsqu'elle parlait de ne pas céder, elle voulait dire, bien entendu, face à la dictature.

---

1. J'ai publié certaines de ses lettres dans *Les Mystères de La Havane*.

Il nous arrivait d'évoquer certaines visites qui avaient beaucoup compté pour elle : celle que lui avait rendue Juan Ramón Jiménez, à l'époque où il avait séjourné avec Zenobia Camprubí[1] à l'hôtel Victoria, et celle de Federico García Lorca. Elle racontait aussi ses voyages, dans les moindres détails : dans les années quarante, elle était allée, entre autres, à Paris et en Égypte (son célèbre poème intitulé « Carta de amor a Tut Ank Amen[2] » est le fruit de ce voyage).

Dulce María Loynaz est la femme la plus cultivée que j'aie connue. Dans sa demeure, qui n'était plus que l'ombre de ce qu'elle avait été, on aurait dit une reine, modeste et lumineuse à la fois, mais une reine enfermée dans un royaume de silence.

Nombre de personnes illustres ont peu à peu disparu d'El Vedado, soit parce qu'elles ont dû quitter le pays, soit parce qu'elles sont mortes ; mais bien peu, je le répète, sont de la trempe de l'auteure de *Juegos de agua*.

Quand Dulce María s'est éteinte, El Vedado et La Havane se sont trouvés plongés dans un

---

1. Écrivaine et linguiste espagnole (1887-1956), épouse de Juan Ramón Jiménez. [N.d.T.]

2. « Lettre d'amour à Tut Ank Amen ». [N.d.T.]

étrange état de somnolence. Les arbres sont devenus plus sombres, et l'air moins respirable. Tout le monde savait qu'une grande femme, un prix Cervantès, avait vécu dans cette ancienne demeure ; une femme d'un autre temps, qui défendait la pureté de la langue et qui, à la fin de sa vie, depuis son fauteuil roulant, se battait pour la liberté de Cuba. Ce combat ne transparaît pas dans ses écrits – son œuvre n'a rien de pamphlétaire –, mais son attitude inébranlable suffisait largement.

XXVIII

La Havane, c'est la chose du monde à laquelle, la nuit, je rêve le plus. C'est en même temps la chose du monde à laquelle je pense le moins. Je reprends ici une phrase d'*Hiroshima, mon amour*, le film d'Alain Resnais, dont Marguerite Duras a signé le scénario et les dialogues ; j'ai seulement remplacé Nevers par La Havane. À La Havane, j'ai appris à lire dans les livres, et j'ai appris à lire dans les rêves. À La Havane, j'ai été jeune et gaie, triste aussi, et j'avais beau être jeune, je me suis sentie vieille, parfois.

En Normandie, face à la plage, lente, je repense aux vagues indomptables de La Havane. Des vagues à vous couper le souffle, des vagues qui vous permettaient à peine de prononcer quelques courtes phrases. Ici, à Trouville, la mer se retire de plus en plus ; on a le temps, entre deux vagues, d'écrire de longues phrases, des phrases proustiennes.

— J'ai vu La Havane, et elle n'est pas comme tu la dépeins, me dit-il – il est un étranger, comme moi.

— Tu n'as rien vu à La Havane, tu n'y es resté que quinze jours. On ne peut pas connaître l'âme d'une ville en si peu de temps.

On aurait dit un dialogue du film ; c'est d'ailleurs presque le cas.

— Qu'as-tu vu à La Havane ?

— J'ai vu les gens, ils sont si gais, si souriants ; j'ai vu les parcs, les monuments, les musées, les restaurants, les *paladares*[1] ; j'ai vu les rues de la ville…

— Toujours les mêmes clichés. Tu as vu ce qu'on a bien voulu te montrer, comme à n'importe quel touriste. Tu as vu ce que tu as pu voir.

— C'est une ville fabuleuse.

— Je suis d'accord avec toi. Malgré sa décadence, cette ville n'est pareille à aucune autre.

---

1. Terme employé exclusivement à Cuba pour désigner les petits restaurants montés et tenus par une famille dans sa propre maison ; ils sont apparus à partir de la « période spéciale ». [N.d.T.]

Même sa décadence a quelque chose de particulier, parce qu'on la lui inflige avec perfidie. Ça lui donne un air tragique.

— Oui, c'est une ville tragique. Je m'y suis senti plus étranger que dans aucune autre ville.

— Je veux bien te croire. Moi-même, je me sentais étrangère dans ma propre ville.

— Sera-t-elle un jour à nouveau comme avant ?

Je hausse les épaules, je n'ai pas de réponse. Rien n'est plus jamais comme avant. Pas plus La Havane que la Normandie, ou Paris.

— Elle pourrait être reconstruite, grâce aux souvenirs…

— Les souvenirs… Ils servent à écrire, à évoquer. Mais la reconstruction réelle coûtera très cher. Le mal est profond, et il durera encore longtemps.

— Tu es toujours aussi négative ?

Je souris, ironique :

— Non, pas toujours. Mais tu n'as pas vu La Havane comme je l'ai vue, moi. La reconstruire, c'est une chose qui demandera encore cinquante années de souffrance.

— Je ne suis pas d'accord. Quand la dictature sera tombée, tout sera plus léger. Et La Havane retrouvera sa splendeur d'avant.

— Dans combien de temps ? On n'a qu'une vie. Cette splendeur retrouvée, je ne la verrai certainement pas ; comme je n'ai pas vu la splendeur passée. Je n'ai eu droit qu'à la période sombre.

— Est-ce que tu arrives à l'imaginer comme elle était avant ?

J'acquiesce, en fixant la mer du regard.

— Alors essaie de l'imaginer comme elle sera plus tard.

Il prend ma main, et nous marchons le long de la plage, d'où la mer s'est retirée. Nous remontons vers Deauville. J'essaie d'imaginer comment La Havane sera un jour ; peut-être sera-t-elle aussi belle que ces lieux où je me trouve, aussi belle que Honfleur. Ou peut-être plus belle encore.

Après cette promenade, nous nous sommes à nouveau séparés.

Lasse de me morfondre, et lasse de ces lettres dont les mots hurlent à mes oreilles, je décolle toutes les photos. Toi à Paris, toi à Moscou. Toi et l'hiver dans tes yeux. Tu as des airs de Rimbaud et de Maïakovski.

Tout à coup, il se met à neiger, et tu me lances des boules de neige qui viennent fondre au contact de ma peau.

Lasse de l'image instantanée, je décolle la pluie, je décolle Notre-Dame, je décolle le Kremlin ; ton souvenir, je le mets en morceaux. Mais ces morceaux, je ne les jette pas au feu ; je préfère les enfouir tout au fond de mon cœur.

Nous nous sommes retrouvés, et de nouveau, nous avons parlé de La Havane, de ce qu'aurait pu être notre histoire, là-bas…

— Il faut repartir de zéro ; ne jamais partir de un.

— Il faut faire comme si on se rencontrait pour la première fois : s'asseoir sur un banc, se regarder…

— Ou peut-être, comme ce jour-là, se faire tremper par une averse…

— Et toi, tu passerais, avec ton parapluie noir, tu dirais que tu vas m'accompagner jusque chez moi, et je refuserais. Et plus tard, je réécrirais ce poème que j'avais écrit pour toi, et je demanderais à un musicien de La Bodeguita de te le remettre.

— Il faut repartir de zéro ; ne pas partir de toi, ni de moi ; ne jamais partir de soi-même, lorsqu'on voudrait ne plus faire qu'un, a-t-il répété.

— Nous devrons redécouvrir la couleur de nos yeux, et parler de voyages, de photos, de livres, parler de nos goûts. Et nous tomberons amoureux l'un de l'autre. Oui, il faut partir de zéro ; le zéro est la clef.

— Alors il faudra partir. Ne plus faire que zéro. Voilà ce que nous aurions dû faire, un jour, là-bas, dans ta Havane.

XXIX

À La Havane, il y a eu un quartier chinois, et ce n'était pas le Chinatown d'aujourd'hui, conçu pour les touristes. Je ne l'ai pas connu au temps de sa splendeur, c'est-à-dire avant l'implantation du castrisme, en 1959, l'année de l'erreur. Ensuite, le quartier n'a pas tenu bien longtemps. Je ne l'ai jamais vu autrement qu'avec ses bâtiments délabrés, entre la rue Amistad, la rue Dragones et la célèbre Calzada de Zanja. Nombre de Chinois vivaient entassés dans les sous-sols des maisons, où ils lavaient les vêtements des gens du quartier, car la plupart d'entre eux étaient blanchisseurs. C'est là, dans ces bas-fonds, qu'ils préparaient à manger, et l'on pouvait alors sentir cette odeur de cuisine chinoise, si particulière. Du moins, tant qu'il y avait encore de quoi cuisiner sur l'île… Après l'avènement du castrisme, de nombreux Chinois cubains sont partis aux États-Unis : certains sont retournés en Californie, d'autres se sont installés à New York.

Mais mon grand-père chinois était resté. Il habitait rue San Nicolás. Ma grand-mère paternelle, qui n'était pas chinoise, vivait rue Dragones. C'est pourquoi j'ai toujours gardé un lien très fort avec le quartier chinois.

Chang Leng et Lam Siu Yi furent les deux premiers Chinois à s'installer à La Havane, en 1858. Chang Leng avait ouvert une petite auberge, et Lam Siu Yi tenait une boutique de fruits et légumes sur la Calzada de Zanja. Les Chinois coolies[1] *commencèrent à arriver massivement à Cuba entre 1846 et 1874 ; dans cette période, ils furent près de cent cinquante mille – principalement des hommes – à rejoindre l'île ; on les faisait venir comme main-d'œuvre, pour remplacer les esclaves africains, et par la même occasion, pour reblanchir la population (c'était l'un des objectifs des dirigeants). Mais les Chinois arrivaient, pour la plupart, malades et affaiblis ; ils n'avaient pas la force des esclaves noirs pour couper la canne à sucre et travailler*

1. Terme qui désignait au XIXe siècle les Asiatiques s'engageant comme travailleurs salariés dans les colonies. [N.d.T.]

dans les plantations. Cette opération fut donc un échec. Cependant, la communauté chinoise commença de s'étendre vers d'autres secteurs de la société cubaine, elle s'intégra petit à petit, et de nombreux Chinois s'engagèrent dans la lutte pour l'indépendance : pas un seul d'entre eux ne trahit la cause, et pas un seul ne déserta.

Au début du XXe siècle, il y avait environ dix mille Chinois à La Havane, ce qui est un nombre honorable. L'artère centrale du quartier était la Calzada de Zanja, mais c'est dans la rue Dragones que les Chinois avaient établi la plupart de leurs entreprises.

Plusieurs petits établissements avaient ouvert : auberges, blanchisseries, horlogeries, cordonneries, caves, pharmacies, magasins de soieries, toutes sortes de boutiques, des restaurants et des théâtres ; les Chinois avaient même leurs propres journaux, et des radios qui émettaient en chinois ; ils avaient aussi leurs banques, ainsi que deux cinémas, et leurs fameuses sociétés d'instruction et de loisir.

J'ai écrit un roman sur cette communauté et sur la vie de mon grand-père chinois. Il s'intitule *La Eternidad del instante*[1]. Cette saga familiale

1. Plaza & Janés, Barcelone, 2005. Pour la version

raconte l'histoire d'un fils qui cherche à retrouver son père, un célèbre chanteur d'opéra, parti à La Havane bien des années plus tôt. Ce fils n'est autre que mon grand-père. Au cours de son périple, il a dû faire escale à Campeche, au Mexique, où il est resté un an, avant d'arriver enfin à La Havane.

Maximiliano Megía, dont le nom d'origine était Mo Ying, a dû exercer de nombreux métiers : il a travaillé dans des blanchisseries, dans des boutiques de fruits, il a aussi été coursier ; mais malgré tout, il a réussi à faire des études de droit et à devenir avocat.

Mon grand-père était un passionné de la ville et de son quartier. Il a écrit sur le théâtre Shanghai, sur les Chinois qui, comme lui, s'étaient frayé leur propre chemin. Il a décrit combien il pouvait être difficile de s'entendre avec les Havanais – son accent coolie n'arrangeait rien –, et il a aussi évoqué un certain racisme envers la « race jaune ».

Pendant des décennies, le quartier chinois est resté totalement à l'abandon, comme l'ensemble de La Havane. Il a été restauré il y a quelques

---

française : *L'Éternité de l'instant*, traduction Albert Bensoussan, Gallimard, Paris, 2008. [N.d.T.]

années ; ses restaurants ont rouvert, ainsi que quelques boutiques pour les touristes étrangers.

On dit que la Chine, dans le cadre de ses échanges avec Cuba, a acheté une grande partie de La Havane, presque toute La Havane centre, et qu'elle envisage de construire quatre immenses tours – des gratte-ciel, en somme –, comme à Shanghai. Elle exige que les travailleurs soient chinois, mais les Castro refusent. Du coup, les travaux n'ont toujours pas commencé.

La Havane aurait pu tomber aux mains des Soviétiques ; elle a évité cette folie de justesse. Ce ne seront pas non plus les Nord-Américains qui reconstruiront la capitale en miettes. Non, le plus probable, c'est que La Havane devienne chinoise.

La famille chinoise de ma mère s'est éparpillée un peu partout sur l'île ; elle n'est pas restée exclusivement dans le quartier chinois. Ses frères sont partis faire leur vie à Santa Clara (où vivaient leurs tantes, du côté maternel). Ma mère, mon grand-père et moi étions les seuls à conserver un lien avec le quartier chinois : nous nous rendions dans ses pharmacies, pour acheter des remèdes artisanaux et des médicaments verdâtres, et nous allions parfois dans ses cinémas, où était projeté un film d'actualité, suivi d'un vieux film en chinois mandarin.

C'est dans l'un de ces cinémas, alors que j'allais voir *La Guerre des boutons* (1962), le film d'Yves Robert, que j'ai rencontré Aldo Cheng, un jeune homme dont les parents étaient chinois, et qui avait lui-même les traits tout à fait chinois. Il l'était, d'une certaine manière, par ses racines, mais il était né à La Havane. Aldo Cheng n'arrêtait pas de regarder mes pieds : je portais des sandales en plastique, et il observait mes pieds en souriant. Petit à petit, il s'est approché de moi dans la file d'attente, et il a murmuré à mon oreille : « J'adore tes pieds. » Puis il a dit, pour ajouter à son propos un compliment charmeur : « On croirait qu'ils sont en sucre. »

Nous sommes entrés ensemble dans le cinéma, et nous sommes tout de suite devenus amis. Après le film, il m'a invitée à manger une soupe, dans l'une des rares auberges chinoises qui existaient encore (elles avaient été déclarées propriétés d'État). Aldo Cheng était karatéka et ressemblait à un samouraï, il avait un petit quelque chose de Toshiro Mifune jeune. Nous avons flirté pendant quelque temps, puis un beau jour, Aldo Cheng m'a dit au revoir : il partait aux États-Unis avec sa famille. Pour toujours. Plus tard, j'ai appris par l'une de ses lettres qu'il vivait à New York, où il avait ouvert une sorte d'auberge qui s'appelait

Chinita linda[1] ; c'est le surnom qu'il me donnait : « La jolie petite Chinoise aux pieds de sucre ».

Toujours dans ses lettres, il répétait parfois : « Je suis havanais, jamais je ne serai new-yorkais, mais je dois reconnaître que certains endroits de New York me font énormément penser à La Havane ; alors oui, dans ces moments-là, je me sens d'ici. Le plus fort, c'est quand tu éprouves cette sensation de porter en toi les rues où tu es né, celles où tu as grandi, alors même que tu marches dans d'autres rues, qui te sont étrangères. »

Plus tard encore, Aldo Cheng s'est marié, et il a déménagé en Californie. Ses lettres se sont espacées, jusqu'au jour où j'ai fini par ne plus avoir de nouvelles du tout. Il était difficile de recevoir des lettres des États-Unis ; celles qui me sont parvenues, j'ai pu les avoir grâce à un de ses cousins qui était resté à La Havane, dans le vieux quartier chinois.

---

1. La jolie petite Chinoise. [N.d.T.]

XXX

La Havane n'est peut-être pas la plus belle ville du monde, mais La Havane sera toujours La Havane. Personne ne pourra effacer son histoire, car cette histoire a été écrite par tous ceux qui l'ont vécue, et qui la vivent.

L'exil est un châtiment ; ce n'est pas un cadeau. L'expérience peut être enrichissante, c'est vrai, mais je verrai toujours l'exil comme une punition. Quand j'ai quitté Cuba, j'ai dû laisser ma famille, mes livres, tout ce que je possédais, j'ai dû laisser ma maison, et j'ai dû laisser ma ville. Il m'a fallu apprendre à vivre sans rien de tout cela, et ça n'a pas été facile, même si Paris m'a beaucoup aidée : Paris m'a appris la liberté, à Paris j'ai acquis mes droits civiques et mes droits d'être humain. Et puis, comme le dit la chanson : « Paris sera toujours Paris, la plus belle ville du monde. » Mais

La Havane n'a cessé de me manquer, jour après jour, minute après minute.

Ses cours, ses parcs plantés d'arbres, la brise à la tombée du jour, et la mer qui borde la ville, je ne les ai retrouvés nulle part ailleurs dans le monde. Il ne pleut nulle part comme il pleut à La Havane. Ce sont des averses épaisses et odorantes, l'herbe est parfumée, les rues sont fumantes. Et puis, ce sont aussi les ruines après l'orage : les cyclones détruisent tout sur leur passage, et surtout les maisons en mauvais état. C'est le revers de La Havane, sa part d'ombre ; et je ne peux pas l'oublier non plus.

Cette part d'ombre, on en parle très peu. La Havane est une ville violente, comme toutes les grandes villes : on y commet des assassinats, des vols, et des crimes en tous genres ; mais pendant plus de cinquante ans, le régime a voulu étouffer tout cela, pour vendre l'image d'une société socialiste exemplaire, dépourvue de violence. Comme quelques autres écrivains, j'ai parlé de cette Havane dans mes livres. À quoi bon passer sous silence ce que l'on ne peut cacher ? Pourquoi taire l'évidence ?

Je ne me considère pas comme quelqu'un de nostalgique ; je veux dire : je n'éprouve pas de nostalgie maladive pour une Havane que je n'ai pas connue, pour cette Havane qui a précédé la victoire du castrisme. Cette Havane célèbre, pittoresque, tout illuminée, avec ses vedettes, sa musique extraordinaire et ses fameux cabarets. La Havane fêtarde. En revanche, je souffre d'avoir perdu un lieu d'identité, le lieu de mon identité, car c'est toute mon enfance, c'est là que j'ai appris à lire, à vivre et à résister. Cette résistance, il m'en reste encore une grande part, alors c'est comme si je portais en moi la ville tout entière.

Je sais pourtant bien que La Havane qui m'a été réservée n'était même plus l'ombre de ce qu'elle avait pu être, que seuls de pâles reflets de sa splendeur perdue sont venus jusqu'à moi. Cette splendeur, il sera bien difficile de la retrouver, et il sera plus difficile encore de retrouver la dignité. Comment retrouver La Havane de ces vieux films nord-américains, et cubains ? Comment retrouver la ville et ses danseuses de rumba, la ville et ses boxeurs, la ville et ses artistes, ses écrivains ? Comment retrouver les mythes et les légendes sans qu'on les voie comme des souvenirs trop capitalistes ou comme des « vestiges du passé » ? Et surtout – je ne cesserai de le répéter –, comment retrouver la dignité ?

Certaines de mes connaissances se rendent parfois à La Havane et me racontent qu'étrangement, Cuba se remet petit à petit à l'heure du capitalisme ; un capitalisme vulgaire et sauvage, cela va sans dire. Plus de cinquante années passées à mettre sur pied le socialisme, et tout ça pour quoi ? Pour sombrer dans le pire des capitalismes. Que de temps perdu ! Et, ce qui est plus grave, que de vies gâchées ! Mais comment peut-on imaginer, ne serait-ce qu'une seconde, un capitalisme normal, sur une île où il y a plus de prisons que de plages ?

Vingt ans, c'est trop long ; aujourd'hui, je ne suis pas d'accord avec Carlos Gardel, qui chante dans un tango que « vingt ans, ce n'est rien[1] ». Vingt ans, c'est le temps qui s'est écoulé depuis que j'ai quitté Cuba, sans jamais revenir, et c'est beaucoup. Même si je n'ai jamais réussi à me couper tout à fait de mon pays : je me suis toujours tenue au courant de ce qui se passait, j'ai lu tout ce qui a pu être écrit, à l'intérieur comme à l'extérieur, et surtout, à travers ma famille et mes amis qui sont restés là-bas, j'ai vécu la réalité du Cubain ordinaire.

1. « *Veinte años no es nada* », paroles du tango intitulé *Volver* (paroles : Alfredo Le Pera). [N.d.T.]

Où que j'aie pu voyager, j'ai toujours emporté La Havane avec moi. Les souvenirs de ma ville ne m'ont pas quittée d'une semelle, et je n'ai pas pu m'empêcher de la comparer avec les lieux les plus beaux et les plus incroyables du monde. Le sentiment d'appartenir à un lieu est une chose difficile à décrire, et, à plus forte raison, si ce lieu est La Havane. J'ai quitté La Havane, mais elle ne m'a pas quittée. Elle est restée là, à mes côtés, comme un accord de musique qui n'en finirait pas de vibrer.

La Havane, c'est cette femme vêtue de jaune, avec son décolleté et sa longue jupe ; cette femme aux cheveux courts, avec ses petites oreilles, perchée sur des talons aiguilles. Et c'est l'homme en costume-cravate, qui discute avec elle dans le salon Las Cañitas, à l'hôtel Habana Libre.

La Havane, c'est tout un tas de photos éparpillées, ou bien rangées dans des albums : photos de ce qu'elle fut, de ce qu'elle est, photos de sa grandeur et de sa décadence.

La Havane, ce sont les plages éblouissantes, les corps des femmes qui ondulent, cheveux au vent, leur peau qui brille sous le soleil. Mais ce sont aussi les rues détruites, ouvertes comme les veines d'une vieille femme moribonde. Les flaques d'eau à l'odeur pestilentielle, les immeubles craquelés, défragmentés, délabrés. Des ruines et encore des ruines. Et puis, au beau milieu des ruines, des affiches publicitaires ou des slogans appelant à la résistance face à l'ennemi impérialiste. Un ennemi qui a tout l'air de nous avoir bien oubliés.

La Havane, c'est le souvenir des chanteurs et des musiciens qui l'ont adorée, et qui sont partis en exil ; ce sont les vedettes, remuant leur nombril, avec leur taille de guêpe ; ce sont les plaisanteries des comiques, qui ont fui eux aussi, à l'heure de vérité.

La Havane, c'est le visage triste de ces pionniers, tous habillés de la même manière – les mots leur manquent, on peut lire la peur sur leur visage –, et ce sourire forcé, ou plus exactement, cette grimace, qui trahit le chagrin infini de ne savoir ni qui on est, ni où on va.

La Havane, c'est la prostitution et la solitude, ce sont les beuveries, les crimes et les agressions. Mais La Havane, c'est aussi la résistance des dissidents, qui sont restés intransigeants jusqu'à leur mort ; ce fut le cas de Laura Pollán, Orlando Zapata Tamayo, Oswaldo Payá et Harold Cepero.

La Havane, ce sont les œuvres d'art. Les peintures et les sculptures, lointains témoignages d'une liberté d'expression que l'on a peu à peu réduite à néant. Ce sont aussi les œuvres littéraires écrites depuis l'exil, toutes dédiées à la ville si souvent évoquée. C'est l'œuvre de Guillermo Cabrera Infante, qui a beaucoup à nous apprendre sur La Havane, aujourd'hui encore. C'est l'œuvre rebelle et puissante de Reinaldo Arenas. Et c'est aussi l'œuvre d'auteurs plus récents, tels que Juan Abreu et José Abreu Felippe, Luis de la Paz, Yanitzia Canetti, entre autres.

La Havane, c'est la musique que l'on joue à New York, qui résonne à Paris et se propage jusqu'au Japon. C'est une musique cultivée, raffinée et à la fois extrêmement populaire. Je pense aux œuvres d'Aurelio de la Vega, de Paquito D'Rivera ou d'Arturo Sandoval, aux voix de Lucrecia, d'Albita Rodríguez, de Marisela Verena ou de Xiomara Laugart, ou encore au son de Danny Rojo, avec ses nuances rock. La Havane, disséminée aux quatre coins du monde, incarnée par ses véritables artistes, ceux qui n'ont jamais cédé, ni dans leur art ni dans leurs principes.

La Havane est pareille à la poésie, telle que José Lezama Lima la définissait, cet « escargot de nuit[1] » : elle monte comme le désir, elle s'élève en spirale, s'éloigne et se rapproche, fantasmagorique, sublime, sensuelle, majestueuse, monumentale.

1. Référence à la célèbre réponse que l'écrivain cubain a donnée à plusieurs reprises, lorsqu'on lui demandait ce qu'était la poésie pour lui : « *Es un caracol nocturno en un rectángulo de agua* », « C'est un escargot de nuit dans un rectangle d'eau. » [N.d.T.]

Mise en page par IGS-CP
à L'Isle-d'Espagnac (16)

CET OUVRAGE
A ÉTÉ ACHEVÉ D'IMPRIMER
SUR ROTO-PAGE
PAR L'IMPRIMERIE FLOCH
À MAYENNE EN JUILLET 2016

N° d'édition : L.01EBNN000429.N001. N° d'impression : 89875
Dépôt légal : août 2016
Imprimé en France

Note du Traducteur
N.d.T.